「部落」は今どうなっているのか

―地域に住む人たちからの聞き取り―

丹波　真理：著

◆部落問題研究所◆

表紙の写真　対岸より五条川と地域を臨む

はじめに

「朝日新聞」が二〇一七年六月に、二度にわたって結婚問題・土地売買についての例をあげながら「より陰湿になって（部落）差別は現存する」として「部落差別の解消の推進に関する法律」（二〇一六年十二月十六日公布）を賛美し、住民の「差別意識解消」と国・地方公共団体の責務を声高に説く論調に違和感を覚え、久々に筆をとった。

八日の「朝日新聞」の記事を読んだ時、同じ地域に住む者として地域に暮らす人々の「今」はどうなのか、人々の実態をつぶさに聞き取り、文章にしなければ、垣根をのり越えて差別解消を確実にすすめてきた内外の人たちの思いを土足で踏みにじることになる―と。おおよそ六〇〇世帯あるすべての人の聞き取りはできないが、隣の家から、あらたに土地を求め移り住んできた人から、「あなたの結婚に際してはどうでしたか？　地域に住むことに何か違和感はありましたか、なかったですか？」と聞き取り調査をし、連載することにした（「地域と人権　愛知版」二〇一七年七月号から連載）。

私が結婚した一九七二年当時は、夫（丹波正史／現・全国地域人権運動総連合代表委員）たちは部落解放同盟として運動をしていたが、中央段階で運動方針などをめぐって意見が対立し、それが組織的な排除や分裂をもたらし深刻な組織問題になっていた時期であった。夫たち青年（夫は二五歳）は、京都で行われた部落解放同盟第二八回大会（一九七三年三月三〜四日）に参加するため、半分を自己負担、半分をカンパで出かけた。大会は意見の対立で激しく紛糾し、「岐阜の北原泰作が本部の反共主義を批判する意見書と発言を行なった」と興奮して帰ってきたこと、次の年の大阪府寝屋川市での部落解放同盟第二九回大会では、本部から代議員証が送付されず、抗議も兼ねて出かけて行き入場拒否にあって帰ってきたことを四五年たった今でも鮮明に覚えている。保母になる―と決意して名古屋の夜学に通い、ついのすみかとなる甚目寺（現在はあま市）の保育所に就職したばかりだったのと、初任給の三分の一をその費用にあてなければならなかったので忘れることができないのももっともなことだ。

四五年たって地域は様変わりした。「あんたが何をやってもえぇが、表の素掘りの溝をどぉにかせにゃぁつまらんで。わしんとこの田舎でもこげーなとこはないで」と結婚当時、私の母がわが家に来て言った。今では素掘りだった排水路は整備され、買い物に出かけた姉が道に迷った三尺道は拡げられ、自宅まで車で入ることができるようになった。公衆浴場から裸姿で帰っていくお年寄りは見かけなくなった（浴場そのものもなくなった）。地域全体が明るく開放的になったが、八百屋がなくなり、駄菓子屋がなくなり、満ち溢《あふ》れていた活気が失われつつある。それでも人々は地域で黙々と生き続けている。

「人間みな兄弟」―六十年前の地域の姿

「道がある。その道が細くなったところに部落がある。」という出だしではじまる映画「人間みな兄弟・部落差別の記録」（一九六〇年、亀井文夫監督）が描いた景色は、六十年前の部落のどこにでもあった景色だ。住宅の様相や暮らしぶりは所によって異なるだろうが、狭小・劣悪な住環境、不安定就労は全国の部落の姿だった。

「部落の姿だった」と言うにはわけがある。今の四十歳代より若い世代は、当時の姿を映像でしか知らない。住環境が整備され、親世代が奨学金で高校・大学に進学し、本籍地番を問わない統一応募書式（一九七三年四月一日、労働省・文部省・全国高等学校長協会の合議により全国高等学校統一応募用紙を作成、一九七三年度から使用開始／『部落問題解決過程の研究』第五巻―年表篇、部落問題研究所）が使われるようになって就職に関して公平な採用が広がっていき、地域の様子も大きくかわった。当時、中学校卒で就職した人の話では、県下でも就職差別が厳しかった地域と、さほど厳しいとは思わなかった地域もあるようだ。

愛知地域人権連合津島支部役員（七五歳）の人にも聞いてみたが（二〇一九年）、天王中学校では、先生がすすめてくれた紡績会社の就職試験を受け、二人とも（地域では一人）すんなり就職したそうだ。うちの地域でも、「就職差別？　そんなん聞いたことなかったなあ。親の金属回収やったもんは関係なかったし」だった。かつては就職に際して、一般的に家の資産調査があったし、父親の職業とか家庭状況もしかり、片親だとなおさら困難な状況があり、縁故の有無が就職に左右される時代であった。

二〇一九年十月十八日、第三七回人権問題県民講座が開かれた。その文化行事で「人間みな兄弟・部落差別の記録」をひさびさに上映した。観た人たちは六十年前の姿に驚いたにちがいない。三五年前にもこの映画を地域の隣保館で上映したが、「たばこのバラ売り、豆腐の半丁売り―あれはうちんとこも同じだったよ」と言った人がいる。その人を含め三人の七十歳代前半の人に六十年前の地域のことを回想してもらった。

「地域の真ん中に共同風呂があって、出入り口の東側が男風呂、西側が女風呂で、そこを取り囲んで住居が密集してたよね。風呂を出て数歩歩くと店の中に入ってた。向かい側にも菓子屋さんがあって…。東側はあまり記憶にないわ」

「たばこのバラ売りだけでなく、サロンパスを二枚一組で売ってたし、かぜ薬や胃薬のバラ売りもあったよ。クリームはビンにつめてくれた。風呂のきわにあったのはキンちゃんのとこで、その向かいにはフミさ、その東隣が薬屋、男風呂の方がお好み焼き屋のロクさ、うどん屋のケイちゃん、八百屋のタカミツと、風呂をぐるっと囲んで建っとった」

「うん、うん、フミさで風呂あがりにコーヒー牛乳飲んだりアイスクリーム食べたりしとったよ。店は風呂のまわりだけでなく、まい道（地域の中央に位置する唯一車が通行できた道だった。前道と書くか？）の左右には店が点在しとったよね」

「堤防の方からいくと、天ぷらや魚を売っとったオカさ。ここは洗剤やタワシなんか何でも売っとったで雑貨屋かなあ。次に酒屋のジロウさ」

「そこは冬には焼き芋も売っとった」ともう一人の人。

「その向かい側の肉屋のマツさ。ここは馬肉専門でその正面のたばこ屋は馬肉とかしわを売っとった。で、菓子屋のアキさがあって、八百屋のトシちゃん、床屋、たまり屋。ここは米を一合、二合と買えて、みそ、しょうゆは秤《はか》り売りだった。あ、貸本屋もあった、あった」

「子どもの散髪が一二〇円だった。三十円の散髪屋もあった。両方親せきになるんで交互に行ったよ」

「公会堂と言っとったとこにも花屋があったように記憶しとるけど―」

「公会堂？　今は公園になっとるけど、公会堂のとこは電気玉売っとったジュウロウさ、むかいに八百屋、角を曲がってうどん屋のシンさ、信号のとこの辺りのミキさ（菓子屋）とパーマ屋はずっと新しい店だし…。北の方のたばこ屋はもっと新しいよ。あ、北にもう一軒たばこ屋があったわ」

「アパートの下に米屋、クリーニング屋（取次店）もあったよ」

「それと、風呂の入り口のところではヘシとエビガニを笊籬《いかき》に入れて売っとった」

「ヘシ？　エビガニ？」

「菱とザリガニのことよ」

話は二日に渡って聞くことになった。

「昔のことだったら話はつきんなあ」と言いながら、公会堂には舞台と花道があって、地域の興行師がドサ回りの芝居を呼んできて大人五十円、子ども二十円の芝居を座布団かかえて観に行ったこと、ロボちゃん、キヨちゃんという二人の紙芝居屋も来ていて、ねりあめだけではなくカブト虫やクワガタ虫も売っていたこと、ビリヤード場もあってにぎわっていたこと、古着屋があり、まんじゅうを作って売っていたオミヤさ、お好み焼き屋も四軒あったなど次から次に出てきた。両親が行商に行く子はもりをする人がいて「もりにかける」と言って、もりで収入を得ていた家もあったことも話してくれた。（店の名前はすべて仮名）

約六〇〇世帯の大型部落。地域の中だけでこと足りる生活があったし、活気もあり生きることへの豊かさとたくましさがあったことがうかがえる。今、当時のおもかげはない。小集落事業と地域改善対策事業が行なわれ、道路が広げられ住まいも良くなったし、地域全体が明るくなった。が、銭湯も店もなくなり唯一営業しているのは肉屋一軒だけで、そこも月に一～二回開くだけで寂しくなった。縁台で将棋をさす人もなく、風呂からパンツ一丁で出てくる年寄りの元気な姿はもうない。

「差別が厳しかった、差別的言動を受けたことがある」ということは、それだけ社会的進出があったということで、学校にも行かず、もりを仕事としてやっていた人たち、地域の中で生活が完結していた人にとっては、「差別を経験したことはないし、感じたこともない」そうだ。確かに、学校生活や会社への就職活動も経験したことのない人たちにとっては、差別にぶち当たる「社会」もない。親に生業がなく、学校にも行けない、子どもの賃仕事をあてにして生活することが差別そのものではあるが。みんなたくましく生き、子や孫の学校生活を経験して学んできたし、近隣の人たちとの交流を通じて国民的融合を実際にやってきたのだ。

それぞれの地域、地方に方言があるように、暮らしぶりや価値判断は地域、地域によってさまざまだ。現象の表と裏。それは光と影。時に表になり時に裏になる。その表と裏を聞き取りしていこう。

※

「県版」十一月号を会員さん宅などにいっきに配った。配っていてハッとした。

「あ〜、店、まだあった。ここを忘れてた〜」と郵便受けに新聞を入れかけて思い出した。忘れていた理由は、すでに店じまいをしてシャッターが閉まっていることと、六ｍ道路をはさんで地域のむこう側であること、地域の中にある喫茶店は名古屋の人で毎朝通ってみえる方だからだ。

「ごめんなさい。お宅と隣のことを書くの忘れてたんです」「いいよ、いいよ、六十年前はやってなかったしね」と会話し、いつか話を聞くことを約束し、店を出た。

「世界一うまいチャーハン！」と次男が言っていた店を忘れるなんて…。

聞き取りの概要

1．聞き取りをした人たちの出身地

現在の居住地	出身地		計
地区内	地区	18	29
	地区外	11	
地区外	地区	5	13
	地区外	8	

2．聞き取りをした人たちの通婚状況

	夫婦とも地区	どちらか一方が地区	どちらとも地区外	計	その他
90代	4	3	1	8	独身2
80代	1	6	2	9	
70代	2	4	2	8	研究者1、部落研1
60代	–	3	2	5	
50代	–	1	2	3	
40代	–	3	–	3	
30代	–	2	–	2	
計	7	22	9	38	4

目次

I 「部落」の歴史と解放運動―愛知県・甚目寺― 15
はじめに 15
合併してあま市に 16
甚目寺とは 17
地域の部落解放運動 19
おわりに 21

II 「部落」の今 23
一 地区内の在住者―地区内外婚― 23
1.「宝物をもらった」と大橋さん 23
2.働く五一歳の女性、おしもおされもせぬ地域のおばさん―内山さん（仮名）― 25
3.苦労したことは遠いかなたに―とよ子さん― 26
4.田舎での法事の時の話に怒りをあらわにした野田（仮名）さん 29

5. 今もかくしゃくとして血気さかんな元支部長、九二歳　30
6. 四世代同じ敷地内に居住、ともに地区外との結婚―平井（仮名）さん一家―　33
7. 同郷の加藤（仮名）さん、さばさばした明子（仮名）さん　35
8. 東京大空襲にあったノブコさんは我が道を行く人　37
9. きさくな加藤さん―しっかり地域になじんで―　40
二　地区外の在住者―地区内外婚―……42
10. 今どきの若者はたのもしい―港区に住む村田（仮名）さん―　42
11. 自分で味つけせな気に入らんと神山さん―ゆもとから小僧に―　45
12. 幸せと不幸せのはざまで生きた長谷川さん、今度こそ幸せに　46
13. 穏やかな加藤さん夫婦は、見合い結婚　49
14. 今どきの若者―楠原さん―　51
15. 温厚なのは親ゆずり―鈴木（仮名）さん兄弟姉妹―　52
三　夫婦とも地区外の出身―地区内に居住―……55
16. 今も青森なまりがとれない長谷川さん夫婦　55

17・地域に馴染んで、頼りがいのある亀井さん　57
18・あらっ、ここにもダンスやってた人が！　59
19・おおらかなお母さん―うめださん―　61
20・北のはてからもう一人―あっという間の六五年―　62

四　夫婦とも地区の出身―地区内に居住―……64
21・「おばあさん（母）の葬儀の時、外国の人が来たよ」と伊東（仮名）さん　64
22・まじめな加藤さんの生きざま　67

五　独身―地区内に居住―……69
23・物静かなキャリアウーマン清水（仮名）さん　69
24・「僕らの世代には実感がありません」と東（仮名）さん　71
25・頑固一徹をつらぬき、静かに逝ったたまあちゃん　73

六　地区外居住者・研究者・部落問題研究会……76
26・木の実ナナばりの肝っ玉母さん、和代子さん　76

27・ベテランヘルパーのさくらさん（仮名） 79
28・まったく知らずに育った同窓の中野（仮名）さん—今でも意識はない— 80
29・本名で生きる李さん 82
30・「地活」で学んだ部落問題 85
31・「部落問題は解消にむかっていることを事実で明らかに」と先生 87
32・年代別に見た他地域への移動・転出 89
33・土地価格は低いか、買い手もないのか—否。建て売り住宅で実証 92

七 かつて地区内居住だった地区外の人—今は地区外居住—……95
34・団塊世代の人ら仕事を求めて 95

八 元の支部役員—部落問題解決に貢献した人たち—……100
35・つつましく、実直に生きたみっつぁん 101
36・器用貧乏の末さ 102
37・支部の専従として力を注いだ進さん、幸一さん 103
38・物静かな久信さん 105

九　若者トーク……106
39・新春　若者リレートーク　106

III　私を育ててくれた〝ふるさと三次〟……111
一　叔母のこと　111
二　同級生のこと　113
三　地域活動　116
四　自分自身のこと　118

あとがき……127

Ⅰ 「部落」の歴史と解放運動―愛知県・甚目寺《じもくじ》―

はじめに

（旧）甚目寺町職員になった年、結婚を契機に私は甚目寺町民になった。一九七二年のことである。名古屋市中村区のアパートから荷物を引っ越しただけのことだが、すみかにしたのは、六畳と三畳ぐらいの部屋と上がり框《かまち》に連なって作られた炊事場のある母屋のお勝手場として使われていた離れだ。そこは地域の中でも一番低い穴ぼこのような所で、梅雨時や台風の時、大雨が降るとすぐに水に浸《つ》かる所であった。地域全体がそうだということがすぐわかった。一九七四年の十八号台風の時の集中豪雨では、床上浸水して畳をすべて濡《ぬ》らしてしまうし、床はぬけるしで散々であった。地域のほとんどが床下・床上浸水したのだが、人はものともせずたくましかった。その後、大きなポンプ場が設置されて、今では水に浸かることもなくなった。若さは未来にむかって進む元気を残してくれた。

地域は常に水との闘いであったが、同時に貧困との闘いでもあった。地域は少数の富裕層と多数の貧困層とが入り交じり、戦後の一時期まではいわゆる部落産業も存在したが、多くは本村の刷毛《はけ》の職人や全国各地をまわる行商を営む地域であった。

この地は濃尾平野の一隅にある。織田信長の居城であった清洲城（再建）が近くある。春になると緑の地を切りとったように流れる五条川上流の土手には桜が咲き乱れる。昔はのどかな地域であった。戦争中には、近くに旧陸軍の飛行場があった。第二次世界大戦末期の一年足らずで忽然《こつぜん》と現れ忽然と消え、今では広い田圃《たんぼ》として緑色が広がる。こののどかな自然の営みをあざ笑うように、人間たちの愚《おろ》かな身分的差別によって歴史的に隔絶されてきた地域が存在した。人間たちの愚かさ、醜《みにく》さが如実に表れる差別、この犠牲になってきた地域である。だからといって、決して暗くいじけた人間たちの話でなく、いたって人間好きで、たくましく、あかるい人びとである。

合併してあま市に

名古屋駅から車でおよそ二十分という利便性のきいた所にあま市は存在する。あま市となったのは十一年前。甚目寺町、美和町、七宝町の三町が合併してあま市となった。それまでは、甚目寺町として人口約四万人ののどかな田舎町であった。全国的に市町村合併が進められた時、口にこそ出して言わなかったが、少なからぬ人が甚目寺町の合併はむつかしいだろうと思っていた。それは「同和地区」をかかえていたからだ。しかも、約六〇〇世帯の大型部落で、全国でも上位から五十位以内に入る規模の地域である。それがあっさりと合併した。

政治力なのか、人びとは意に介さなかったのか、これはわからない。ただ、以前の歴史を考えると想像を絶すると言える。江戸時代は、隣村と私の地域は同一の村で、本村と枝村の関係にあった。それが明治になって村の戸長を決めることになったのだが、世帯が多い私の地域の人が選挙で戸長になった。これを快く思わない本村側は、いろいろの手を打って戸長をやめさせてしまう事件が起きた。このように明治時代には激しい対立が目に見えて存在していたが、今回の合併劇はそのような対立や反対が表立って起きなかった。歴史は間違いなく進歩している。

甚目寺とは

私の住むこの地は全国四六〇三地区の一つで、約六〇〇〇世帯の「大型部落」である。かつて同和対策事業を実施し、住環境整備事業で世帯分離をすすめた時には、六五〇〇世帯に膨《ふく》れあがった。それからもう四半世紀以上が過ぎた。この地区の特徴は、部落内外の婚姻（融合結婚）が全国でもトップクラスの比率で、非常に高いことだ。

一九二五（大正十四）年、愛知県が実施した地区調査によれば、「甚目寺村東今宿として在り、人口九九六人、世帯数二一七世帯あり、その七割は生計裕かならざる。主な産業として製革、ベッチン草履、下駄表の製造が盛んで数年来非常なる発展をなし、商取引等も大規模に行われ居り、将来大いに発展緒の余地を存せり。」近隣融和の状況として、「以前は接続町村と互に相反目し居たるも、十数年前より部落民の自覚と社会の了解により融和の実を挙げ来り、商取引も追々盛となれり。又附近の融和及び思想改善のため部落内寺院に於て説教を行い居れるが、近隣よりの参詣人多数にして何等附近と区別する処なきに至れり」となっている。

さらに、日本福祉大学部落問題研究グループが一九六二（昭和三七）年に行なった地域での聞き取り調査では、人口二一二七人と膨れあがり、四八三世帯となっている。「主な職業として行商で、その収益で靴小売店、衣料品店、パチンコ店など経営する者も出たが、地域内で階層分化がすすみ、富を得た人々と他方において著しい貧困との両階層が判然と分化されている。通婚率においても、津島、桑名、滋賀、岐阜の部落に限られているというのは、通婚の不自由が呈せられている。」と結んでいる。しかし、地域社会の中で、「地域を良くしていこう」とする運動が自然発生的に作り出されるわけでなく、地域の人々の目的意識的、かつ地道で継続的な取り組みが必要だ。

この当時の地域の状況を夫（丹波正史）に尋ねてみた。

曰く「この地域には、街の中心地に共同浴場があり、家に風呂がない人びとが利用していた。この共同浴場が人びとの交流の場になり、団欒《だんらん》の場として活気に満ちていた。地域内には、八百屋が五軒、肉屋が三軒、うどん屋が二軒、菓子屋が三軒、お好み屋が一軒、酒屋一軒などの店が風呂屋を中心に軒を並べていた。当時の地域は全体に貧しかったが、地域内の格差も大きく、裕福な家も少なからず存在した。富裕層の多くは戦争の影響もあってか、名古屋の広小路や大須に進出して、靴屋やレストラン、毛皮屋などを営んでいた。今では、多くの富裕層が地域から出て行ってしまった。地域外流出の富裕層はその多くが一族もろとも流出し、以前この地に生活していた痕跡《こんせき》すらとどめない状況になっている。いま地域は環境整備が進み、空き地には新たに分譲住宅が建ち、他地域の人びとが住宅を購入して生活を営んでいる。もはや、先に紹介した店舗も共同浴場もなく、住環境は良くなったが、生活と交流の匂いが希薄化した状況になっている。若者たちの多くが地域外に流出し、老夫婦、老単身者が中心の街になりつつある」

地域の部落解放運動

全国水平社が一九二二（大正十一）年に創立され、一〇〇年がたつ。この間、幾多の人たちが差別をなくそうと運動に立ち上がった。愛知では同年十一月十日、愛知県水平社創立大会が行なわれた。名古屋市西区の寿座において約千余人集まり、堂に溢れるばかりの盛況で綱領と決議文を発表したという新聞報道がある（松浦國弘篇『愛知県・底辺社会史資料集成―部落篇』より）。

部落解放運動は、戦前・戦後しばらく途絶え、運動の兆しが再び見えはじめるのは一九六〇年代後半で、約半世紀遅れていた。一九六七年頃から県下で組織化がはじまり、甚目寺町や名古屋市内の二つの地域で、若者を中心に県・市交渉を行なったり、地域への要求アンケート配布、組織化の呼びかけが繰り返し行なわれた。当時、愛知県も名古屋市も「同和対策をすることが差別だ」と言って事業を行なわなかった。ところが、名古屋市が、国からきた同和対策の特別交付金を市電の赤字補てんに使っていたことが発覚し、その上結婚差別の具体例を提示されるにいたり名古屋市は誤りを認め、変則的ながら同和対策を実施するようになった。

その頃はまだ部落解放同盟と名乗っていた。部落解放同盟は、全国大会で矢田問題をめぐって紛糾。「部落民以外はすべて差別者」「不利益と不快を感じさせられたらすべて差別」「差別か否かというのは被差別者にしかわからない」という「朝田理論」の排外主義と「差別糾弾闘争」の運動論を押しつけ、その誤りを指摘・批判した人たちが排除され、部落解放同盟正常化全国連絡会議として公正・民主的な同和行政の確立をめざし、全国的な組織が結成された。愛知はその後も組織内にとどまったが、大会代議員証が交付されなかったのを契機に袂《たもと》を分かった。

一九七四（昭和四九）年、愛知の正常化連が一〇〇名の参加で名古屋市で結成された。二年後の一九七六（昭和五一）年には、正常化連から愛知県部落解放運動連合会（愛解連）に改組・発展した大会が二〇〇名の参加で愛知県勤労会館で開催された。一九七四（昭和四九）年八月十五日付で「解放の道　愛知版」創刊号が発行され、機関紙として会員の心をつなぐ役割を果たした。創刊号から十五号までは手書きで、十六号の「名古屋で婦人部結成大会　愛知から一二三名参加」という記事からワープロ打ちになっている。

愛知県交渉、名古屋市交渉も活発に行われ、一九七六年十月には午前中の県交渉、午後の市交渉に七十名が参加している。交渉では、中味のない抽象的な役所用語を発するのみで住民要求を聞こうとしない当局に対し、各部交渉を二日間にわたって精力的行なうなど、新しい制度の実現も含め交渉によって成果を上げた記事が機関紙の紙面を飾り、改めて当時の勢いを再認識した。支部結成、婦人部結成と県連や各支部での集い、学び、楽しい交流（県民講座、幹部学習会、他県見学、ケーキ作り、生け花教室、スキー教室、老人ホーム慰問など）の当時の記事を目にし、時がたつのも忘れて手にした『解放の道 縮刷版』の頁をめくった。

おわりに

当時、甚目寺町立保育園の保母だった私は、平日の県交渉や研究会などには参加できなかったが、各支部の行事には子連れで参加し、おおいに地域の人びとと交流した。ただ、地域の中だけでおさまっていたわけではない。平和で民主的な町づくりの一翼を担うことにも大いに力を発揮した。近隣の親と子を巻き込んでの支部行事、人形劇公演や猿回し、産直とバザー、ＳＳＤ（国連軍縮特別総会）Ⅱ・Ⅲに代表を送る取り組み（二回とも支部から代表を送った。私と当時の青年部長である）平和の鐘つき、ケーキづくり、もちつき大会、網の目平和行進と非核自治体宣言。支部の人たちの交流としての日帰り温泉旅行やカラオケ交流会、つり大会。さらに、おふくろの味伝授と銘打っての料理教室では、支部の役員や会員さんが先生として登場。なかでも忘れられないのは、「スクリーンのない映画館」で知られていたマルセ太郎さんの「泥の河」公演を行なったことだ。マルセ太郎さんは公演後まもなく逝去され、最後の公演を観たのが私たちであった。さらに「ハンセン病者は隔離すべきでない」ととなえた小笠原登医師の墓参りをかねて、研《こだま》雄二さんに甚目寺に来てもらい町長とも懇談していただいた。長年言い続けた五条川の歩道橋と河川敷の遊歩道の設置など、枚挙にいとまがない。

夫がいつも言っていた「運動は王をうばう将棋型運動でなく、陣地を広げていく囲碁型運動をしなければいかん」を地でいったと思う。これらを通じて多くの人たちとつながってきた。今回登場してもらった五十名にのぼる人たちは、多くがこういった取り組みに参加し、先生になったり、生徒になったり、観客になったり、主役になったり。泣いたり、笑ったりして五十年の長さを過ごしてきた。

今、「地域がひっとりとして元気がない」と言われる。住環境整備が行われ、地域全体が明るくなった。しかし、銭湯での背中の流しっこもなくなり、みそ・しょうゆの貸し借りも、道路で遊ぶ子どもの姿もめっきり少なくなった。

二〇二一年の夏、五条川で灯ろう流しをしようではないかと話がもちあがっている。対岸の人びとにも声をかけ、まさに「橋のない川」に人間の連帯の橋を架《か》けようとの企てだ。これを起爆剤として、若者や後継者とともに歩む地域運動へ進もう。

Ⅱ 「部落」の今

一 地区内の在住者―地区内外婚―

1．「宝物をもらった」と大橋さん

私が結婚したての頃、「あんたんとこと私んとこは遠い親戚になるよ」と言っていた大橋さん（女性）は、十年くらい前、うちの隣に家を建てて越してきた。以前の家は小集落事業（同和対策）の対象地域からはずれていて、建て替えのできない袋地に建っていた。息子さんが嫁をもらい孫も生まれ、狭少になったので売り出されていた土地を買って家を建てた。「家の建設費より高かったよ、この土地は」と目を皿にして息子は言った。ご近所になった大橋さんに「働き者のいいお嫁さんね」と言っ

たら、「宝物をもらった！」と言った。そのことを嫁さんに言うとほろりと涙を流した。きつい姑との同居がどんなだったかは、その涙が物語っている。今回はその家に伺った。

ピンポーンと呼び鈴を鳴らすと息子が出てきた。妻は出かけているとのこと。あがりこんで話を聞く。妻は一宮《いちのみや》（愛知県）の人で、勤め先が同じだったことが縁で一緒になったそうだ。地区のことをあらためて言ったこともないし、聞かれたこともないが、妻は「わかった」と言っているし、子どもが高校でサッカーの試合に行ったとき社会人の人から「一番こわいとこだよね」と言われたそうだ。妻の親はしょっちゅう来るが、親から何も言われたこともないし特にもめたこともないともなげに言って子どもをつれて出かけた。

大橋さん一人が留守番で残ったので、あらためて話を聞いた。若かりし頃、社交ダンスを教えていて習いに来た二つ年下の男性に見初められ結婚。男性は四国の愛媛県出身で百姓の次男坊。男性の父は戦死し、母だけで育ち大事な働き手だったので結婚を反対された。四国の方に来てくれと言われたが行かなかったので男性は四国へ戻っていったが、三年ぐらいして再び名古屋に来たので結婚。部落だということは、つきあっていたときに言ったそうだ。子どもができ、子どもを預けて二人で行商に行き生計をたてた。

「一人息子も嫁もようしてくれる」といちばん陽あたりのいい南西の二部屋を自分の部屋にしてもらい、「今がいちばんいい」と大橋さんは目を細めた。

（二〇一七年聞き取り）

2. 働く五一歳の女性、おしもおされもせぬ地域のおばさん―内山さん（仮名）―

二七年前、恋愛結婚をしたという内山さんは看護師（女性）。二四歳のとき九歳年上の彼と結婚。

「反対はあったよ。ここ（地域）の人だから」

「私の父親は十人兄弟で、いちばん下のおじさんは夫と二つちがい。甚目寺中学校で一緒だったから、未だに口もきかないよ。父が母（愛知県・岡崎出身）と結婚する時も、母の方は甚目寺の人と結婚するそうだが、地区の人ではないかと言われたが、ここから離れた萱津《かやづ》の人だからいいと」

「お父さん（夫）、中学時代ワルだったんじゃないのかな」

それで私、「結婚式はしたん？」と聞く。

「うん、二人だけで軽井沢で」

「父と母はそれほど反対でもなかったけど、みんな地域のこと知っとるでね。子どもができてからは態度が変わったよ。いつまで言ったってしょうがないと。夫の人間性を見てかわったんじゃない」

「今母は、同和地区でひとくくりにするのはいかんと言っている」

「親は来る？」

「うん、二戸一住宅で大工仕事をしてくれたり、草むしりをしてくれるよ。隣が田圃《たんぼ》だで、よう雑草が育つんだわ。カラスは骨付きの栄養を運んでくれるしね」 内山さんはくったくなくガハハと笑った。おしもおされもせぬ地域のおばさんだ。


（二〇一七年聞き取り）

3. 苦労したことは遠いかなたに—とよ子さん—

二〇一七年、愛知県で第十三回地域人権問題全国研究集会が行なわれた。全国部落解放運動連合会（全解連）時代の全国部落問題研究集会（全部研）を含めると愛知での開催は五回目であった。

この集会では、なつかしい思い出がある。大阪で行われた第十六回全部研で、私は会場の中で男性の太い声で「道下さーん」と旧姓で呼び止められた。「ん？」見ると小学五年生の時の担任の先生だ。「あ、侃《つよし》先生！ 来とったん？ なんで？」「うん、バスで来たんじゃ。みんなのつき添いよお」となつかしい広島弁。三十年も前のことである。その時、もう一人、私と同じように知りあいの人と会場で会った人がいる。私たちと一緒に甚目寺支部から行ったとよ子さんだ。三重県大安町の支部から参加した母親に会場入り口でばったり会ったそうだ。彼女は役員の義父と一緒だった。

とよ子さんは昭和二一年生まれの七一歳。子どもの頃は大安町の自分が住んでいる所が部落と知らなかったが、上の妹の結婚話が出た時、相手の親のいことにあたる人が丁度とよ子さんの担任の先生で、相手の親に告げ知ることとなったそうだ。

「こういう村だったので反対されたが妹は一緒になったよ。相手は山もあり、土地もあり、金持ちだったし、うちは父が四九歳で死んで貧乏だった。どこの馬の骨ともわからんて。今でいう一Ｋの家だったしね。担任の先生はえこひいきする先生で、同窓会に行ってあいさつしても『誰だったかなあ？』としらばっくれて。反対に女の先生はよくしてくれたわ」と言った。さらに「結婚式には夫になる人の弟だけ来て、親はこなかったわ。だけど、だんなさんの母親が倒れ、続いて父親も倒れ、妹たちは外に出ていたけど面倒みてくれと言われて、反対されたけど面倒見て、今では妹たちは本家に入っているよ。下の妹は人の紹介で一般の人と結婚したわ。相手の親は反対しなかった」

「で、あなたは？」

「私？　私はしゅうとめの兄弟が大安町にいて、その人の紹介でとうちゃん（夫）と見合い結婚したのよ。しゅうとめさんは好き嫌いが激しくて、とうちゃんとこに来る嫁はいない、来ても一年辛抱《しんぼう》できんと言われてた人だったけどね。とうちゃんは土岐《とき》市（岐阜県）の一般の出で、生みの親が一歳の時なくなって養子に出されたんだわ。しゅうと、しゅうとめは行商をやっていて、あっちにあずけられ、こっちにあずけられて淋《さび》しい思いをしたそうよ。結婚した時は靴職人をやっていたけど、ちょうど稲沢（愛知県）の大企業が募集していたのではいれて、二十年働いたよ。残業やってそこそこの給料だったけど、六七歳でなくなるまでようやってきたよ。あ、それと大安町の母親が七十歳の時、丹波さんたちと沖縄ツアーに行ったよ」

「えーそうだった？」

「基地めぐりだったよ。母は沖縄の名護市の出だもんで一緒についてったんだわ。国際通りの近くにいとこがいるので会いに行った」

「沖縄からー。またどうして遠路はるばる？」

「一宮（愛知県）の紡績で働いていて、友だちの紹介で三重に嫁に行ったのよ。母ちゃんは三八歳で後家になったけど、家二軒を建てたよ。六畳一間しかなかった家を建て直し、二軒目は中古住宅を買って建て直したのよ」

「すごいね。で、娘さんと息子さんは？　今五十歳くらいになった？」

「子どもは二人ともあま市に住んどるよ。娘の方は、しゅうとめが反対したけどしゅうとは理解してくれた。今は前後《まえうしろ》に家を建てて住んどる。息子の方は職場結婚。こっちも父親の方は反対しなかったけど母親の方が反対した。だけど、結婚式は二人とも普通に挙げたわ。今、孫が五人いるけどみんな婆ちゃん、婆ちゃんと言って来てくれるし、買い物に行ったり、ランチしよ！　と言ってくれる。今は幸せ」と、とよ子さんは夜がふけるのも忘れて話してくれた。とよ子さんの家を出たのは夜の十時近くだった。

母親は子どもに対し、時にはやさしく時には厳しく接するものだ。結婚に際して母親が反対するのも、二人の決意のほどをためしているかもしれない。二人の決意が固いことを知ると安心する。親に反対されゆらぐようでは先行き心配だ。子どもが幸せに落ち着いた生活をしてくれたら親も幸せを感じるものだ。

人生は色々。

「終わり良ければすべてよし！」　この言葉は四年生の孫が何かの折に言ったのだが、普通にささやかな幸せをかみしめるのが親であり、じいじ、ばあばなのだ。

（二〇一八年聞き取り）

4．田舎での法事の時の話に怒りをあらわにした野田（仮名）さん

「こんな恥ずかしい思いをしたことはない」と語ってくれたのは野田さん（男性）。娘ムコの祖父の一周忌法要の席でのこと。

愛知県の西部に住む娘ムコの実家は、どちらかというと古い考えの人が多いやにみうけられる町のことだ。法要が終わって会食に移った時、一人の男性から声をかけられた。

「令子（仮名）さんのお父さんですか？　名刺持ってみえたらもらえませんか？」と言われたので「はい」と応え、仕事で使っている「ＫＢ工業」の名刺を出したそうだ。するとその男性の隣の人とじーっと名刺をながめ、やおら手で示し、「あんたこれかー？」と言われたそうだ。野田さんは、そんな場面に出くわしたことがない。親たちの時代でもないのに、人前で手をつきつけて「これか？」と言われ、どきっとした野田さん。「は？　いえ、あの、今、名刺作り直しているんで返してください。」と言い、名刺をしまおうとする男性からむりやり引きとってポケットにしまったそうだ。

そのやりとりを目にしていたムコの父が来て、「まあ、まあ、まあ」と割って入った。他の人も「あの人はああいう人だで、申し訳ない」と。聞けば、津島市（愛知県）の市会議員（当時）だそうだ。議員だから常識のある人格者だとは限らない。国会議員にも、女性を「生む道具」ととらえていたり、「子どもを産めない人間は生産性がない」と平気で文章に書いたり、人権感覚が麻痺《まひ》している人もいる。私の知っている学校の先生の中にも、「腐ったみかん！」と平然と言ってのける人がいた。

腐ったみかんとは、箱の中のみかんが一つ腐り始めると他のみかんも腐ってしまう。だから、腐ったみかんは早く捨ててしまえという、手に負えない生徒は排除するとの理論で、TVドラマ「三年B組金八先生」で一躍有名になった言葉だ。

「で、ムコさんちではその後何か問題になった？」

「いや、ムコは大人しい人で、夫婦は塩梅《あんばい》よーやっとるし、むこうの親も何も言いせん。市会議員の名前は何て言ったか思い出せんが、あ、○○さんだったかな、そうだ、そうだ○○さんだったわ。まあ、あん時は肝を潰《つぶ》したけど、今どきああいう人間、そうそうはおらんわなあ」

根っからの職人気質の野田さん。無口でがんこな性格で若い頃はやんちゃもしたらしいが、真面目で後輩や職人仲間からも信頼され慕われている。

話をしている時は怒りをあらわにしていたが、人とのつきあいは「塩梅ようやりたい」とおだやかに話す。広いようで狭い世間。人の心も狭いようで広い、広いようで狭い。狭いというよりバランス感覚に欠ける人もいる。

私もいつも「食の偏食は心の偏食！」と言っているが、食生活が豊かで偏りがないことが円満な人柄を育てる。偏食をせず、心豊かに生きたいものだ。

（二〇一八年聞き取り）

5．今もかくしゃくとして血気さかんな元支部長、九二歳

歴代の支部長で、今も元気なのは井上（仮名）さん（男性）だ。古くは部落解放同盟を名乗っていた時代からはじまって、正常化連、全解連時代を経て今の人権連へと組織が改組・発展していくなかで、私を含め六人の支部長を輩出してきた。初代から四代まではすでになくなっており、存命なのは井上さん、九二歳だ。県連大会には毎回出席し、長老として文章を用意してきて今も堂々と発言する。

「もっと地域のためになることをやらなくちゃあいかん。そのためには話し会を何度も何度もやる必要がある」が彼の主張だ。彼の言葉には、支部長を二十年やった重みがある。自他ともに認める堅《かた》物《ぶつ》だったが、年を重ねるごとに言葉も態度もやあっこくなった。

昭和二年生まれの井上さんは、まさしく戦中派。「高等小学校を卒業して軍需産業であったK重工に就職した。三年ぐらい行ったところで防衛隊に入隊し、旧清洲飛行場（愛知県海部郡）の防衛の任についた。防衛隊と言っても土方の仕事で、飛行場のまわりの各村（萱津・今宿・大里の近所まで）の神社・仏閣の敷地に壕《ほり》を掘ることだった。また、隊長の指揮のもと、飛行場に置いておく飛行機をベニヤ板で作り上げた。アメリカは、ここには鉄砲もなく、飛行機がベニヤ板だということをよく知っていて、爆弾は落とさなかった。須ヶ口（愛知県）にはH工業があって焼夷弾《しょういだん》を落とした。稲沢（愛知県）には爆弾一つ二つ落としたよ。スコップかついで走りまわった」と、七四～七五年前のことをつい最近のことのように話す。

「十八歳で終戦をむかえ、靴の行商をやった。軍靴《ぐんくつ》を作っていた押切（名古屋市）の靴屋に親せきが働いていて一般靴を作って売ったので、そこで仕入れて行商をやった。戦後は靴がとぶように売れて、もうけさしてもらった。結婚は二七～二八歳の時で、則武（名古屋市）の近くに草履《ぞうり》の問屋があったけど、そこの娘と見合い結婚したんだわ。〝あさぶら草履〟と言っとったけど、だんだん靴になってきて、問屋をやめてうち（甚目寺）の家の近くに借家を借りて住むようになった。姉さがうちの方のもんと結婚しておって、そこから見合い話が来た。名字はよその名字になっとるけど、男親がうちの方の出じゃないかな」

「しんしょを持ってから豊明（愛知県）の方に店を出した。行商では信用がないんで、やっぱり店舗かまえとならいかんで…。息子が大学を出て店を手伝ったけど、商売にはむかんかった。大学の先生が息子をもう二年大学に行かせて助手にしたいと言ってくれたけど、学費がえらかったで店を手伝わせたんだわ。世の中知らんで、上手に言えん子で商売向きではなかった。だで、八年後に店をたたんでまた行商をやった。知多半島には得意先があったんで、得意先をまわって、まあ、よう言やあ外交だな。八百津《やおつ》、土岐津《ときつ》、瑞穂《みずほ》（以上、岐阜県）、瀬戸（愛知県）の方まで行ったわなあ」「店もたたんだんで、支部長をやったんだわ。二十年余りやって、動いて、しゃべってで体は健康になった。今も若いもんには負けん」

一つ違いの奥さん、公子（仮名）さんは気丈な人で、おとなしいが品のある人だった。十三年前、突然クモ膜下出血でなくなった。

愛知県水平社創立七十周年記念集会（一九九二年十一月の県民講座）で、婦人部が「竹田の子守り歌」のコーラスを披露《ひろう》したことがあったが、わが家で発声練習をやったり、声をあわせ歌の練習をした。公子さんは欠かさず来てくれた。曲と曲の間奏《かんそう》部分に、自分たちが子守りをして生計を助けた世代なので、生い立ちと重ねあわせて作文し、台詞《せりふ》として語ろうと提案した。その大役を公子さんにお願いしたところ、二つ返事で承諾してくれた。当日は落ちついてその任を果たしてくれた。
高等小学校を出て電話局に勤めた公子さんの袴《はかま》姿は凛《りん》としていたそうだ。その姿は台詞を言う姿とオーバーラップする。井上さんは奥さんのことは多くを語らないが、自慢の妻だったにちがいない。

（二〇一九年聞き取り）

6. 四世代同じ敷地内に居住、ともに地区外との結婚—平井（仮名）さん一家—

現在八八歳になるきみ子（仮名）さんは、〝放送局〟と言われたぐらい地域のことをすみずみまで知っているし、口やかましい。年がいってから骨折し、今はほとんど家の中ですごしているが、元気なころは、所狭しと走りまわって「情報収集」していた。

夫は甚目寺観音の西の出身で、九人兄弟の四番目。大工の父親と一緒に地域に家を建てに来ていて、きみ子さんと知り合った。お互いにひかれあって結婚という話に反対はなかったか…？ 反対はあった。同じ甚目寺町内のことである。が、二一歳と二十歳の若い二人は強かった。地域の長老が仲人になって話に行ってくれたが折り合えず、反対されたまま夫である信男（仮名）さんが村に来た。当然結婚に際して親は何もしてくれず、きみ子さんの親が布団、ちゃわん、はしなど一揃い用意してくれ、新婚生活がスタートしたそうだ。一年後、長男が生まれ、信男さんの母が孫を見に来たのをかわきりに出入りするようになった。六八年前のことである。信男さんは行商をしたり、会社づとめをしたりしてコツコツと貯金をして、地域の真ん中に一〇〇坪の土地を買い、三軒家を建てた。孫の家がいちばん大きく、そびえ立っている。

さて、信男さんの長男は見合い結婚である。妻は一宮（愛知県）の出身。今回は二人そろって話してくれた。

「父が勤めていた会社の人が見合い話を持ってきてくれ、三十歳だったのでそろそろ結婚しないといかんなと思っていたのでOKした」

その時、妻は二四歳。「私も結婚してもいいかなーと思って。まったく反対はなかったよ」

「オレも会社勤めしていて安定していたしね」

「ここに来てびっくりした？」と聞く私。

「お母さんが、うちの嫁よと近所の人に紹介してくれたら、下から上までながめられてね、びっくりしたわ。」「お母さんは声も大きいし口が悪いし。人の傷つくこともはっきり言うしね」

私の場合は上から下までだったが、ゆみ子（仮名）さんは下から上までだったらしい。

「で、泣いた？」

「ううん。泣きはしなかったわ。私はどっちかというと活発な方じゃなかったのでね、その時は友だちだったか親だったかに電話したわ」

その嫁さん、近くの工場に勤めるようになって地域の人との付き合いがはじまったそうだ。今、彼女は六十歳を越した。

最後に孫。「同和地区とは知らずに育ったよ」と。小学校二～三年生の時に隣の字の子のところに遊びに行ったら、友だちの親に「どこの子？」と聞かれ、正直に言うと家の中に入れてもらえず帰ってきたが、「小さかったので何のことかわからなかったよ」地域のことはまったく知らずに成長。高校が名古屋市内だったが、清須（愛知県）の子に「あぶない地域、こわい人がいっぱいいるね」と言われたけど、気にもとめなかったし、学生生活には関係なかったとも。

自分が二三歳、相手が二十歳の時恋愛結婚をしたが、建築関係の相手の父親は、「君のうちの方に友だちがいるよと言っていたから、知っているんじゃない。だけどなんも言われず結婚したよ。毎日の生活にそんな話するわけじゃないし…。夫婦の会話は子育てのこと、勉強のことぐらいで、どこの家庭でもよくする会話ぐらいですよ」と三六歳の若いお父さんは言った。

スープのあっちっちの距離にある四世代は、お互い静かだ。にぎやかしいおばあさんも、ひ孫に目を細めておだやかにくらしている。

（二〇一七年聞き取り）

7．同郷の加藤（仮名）さん、さばさばした明子（仮名）さん

同郷のよしみで昔からの知り合いのような気がしていたが、逢ったのは一〜二回か、ひょっとしたら会話をしたこともなかったかもしれない。それぐらい加藤（仮名）さん（男性）は家にいたことのない仕事師だったそうだ。「だったそうだ」と言うにはわけがある。明子さんの元つれあいさんだからだ。その加藤さんは「大朝町」出身。広島県山県郡大朝町と諳《そら》んじているが、行ったことはない。

島根県境に位置する町だ。たぶん、四方を山に囲まれた山間僻地《へきち》にちがいない。

その地の出身の加藤さんと明子さんが知り合ったのは、お互いが二十歳の時。かつて、名鉄栄生駅のガード下（JR線）に名古屋駅にむかってショッピングセンターがずーと続いていた頃、そこで知り合った二人だ。私も甚目寺町職員になった時、栄生駅から甚目寺駅まで電車に乗って通勤していたので、その界隈《かいわい》のことは記憶にある。買い物もした。加藤さんはそのガード下の靴屋で、明子さんはパン屋の店員として働いていたそうだ。私もその靴屋で靴を買い、パンの袋をかかえてアパートまで帰ったかもしれない。ウインドウショッピングだけだったかも。何せ初任給三四四〇〇円だったから、アパートの家賃を払い食費を捻出するといくらも残らなかった気がする。夜学生の時は二一〇〇〇円の給料だったのでちょっとリッチになった（ちなみに家賃は六〇〇〇円、二人でシェア）。

話を元にもどそう。若い二人は知り合ってすぐ結婚を決めた。「家出をしてきた」という加藤さんだが、結婚に際しては結納もし、ささやかな結婚式もした。もちろん大朝から親も出て来た。「で、（地区のことは）話したの？」「本人には言ったけど、むこうの親には言わんかった。ばーちゃん（明子さんの母）は名古屋の東山の人で、まじめが服着てるような人だったし、じーちゃん（父）は酒もやらんし、かけごともやらん。まじめっちゃあまじめで、大人しい人だったしね。コロ買い（金属回収業）やってたけど言う必要もないかと思って」

「二人の娘さんの時は？」

「上の子は（名古屋市）熱田区六番町の人と一緒になった。男親だけには言ったみたい。下の子の夫は稲沢（愛知県）の人で公務員だけど、〃聞いたことはあるよ〃で終わった。あんまり新聞みたいに書いてほしくないわね。広めるようなもの。もっと調べて載せてほしいわ」

「なんで離婚したん？」

「仕事、仕事で出張が多かった。家に帰ってくる時は子どもの顔見てすぐ仕事に行って―。かせぎは良かったんで、ま、生活費さえ運んでくれりゃぁいいかなと思って。離れとると愛情も憎しみも感じんし、潮時かなと思って娘たちが成人してから届け出した。女でもおったんじゃないの？」

「ん？　女？　あっさりしとるねえ」

「まあ、おらんこと多かったんで、不自由もなんも感じてなかったしね」

なんと、なんと、たくましいのか、おおらかなのか…。無口な夫とサバサバした妻。それは明子さんの両親にも言えるし、子どもたちにも言えるのではないかと明子さん家族を見ていると思えるのだ。四十代になった二人の子どもたちもたくましく暮らしている。

夫のかせぎで若い時分に買ったという、公立保育所近くの五十坪ある敷地には、今長女夫婦の大きな家がデンと建っている。春になると雉《きじ》のつがいが長女の家の近くの畑にノソノソと出てくるので、私はレンガ作りのその家を横目で見ながら、スマホを持って雉を追っかけるのが春の日常となっている。長女の家の表札には夫の姓がつけられている。


（二〇一八年聞き取り）

8．東京大空襲にあったノブコさんは我が道を行く人

「あの東京大空襲にあい、父の在所の豊橋に逃げのびて来たのがはじまり」と話してくれたのは八二歳のノブコさん。

「父は三七歳で戦争にとられ、海軍で南方に行く航海中沈められたんだわ。それが終戦の年の六月。若い人はみんないなくなり、年齢の高い父もひっぱられたんだわね。海に沈んだんで、骨もなんもなしで、箱に石ころだったか紙切れだったか何だか覚えてないけれど、箱に入ってもどってきたわ。私は十歳で弟は三歳。妹はおんぶされてた赤ちゃんだった」　明治四三年生まれの母は戦争未亡人。

「東京のどこに住んでいたの？」

「荒川区の日暮里」

「下町？」

「うん。荒川区はね」

十歳なら大空襲の記憶はあるだろうから、そこのところ詳しく聞きたかったが、今回は戦争体験の聞き取りではないので、話を豊橋（愛知県）にもどした。

「で、豊橋の生活はどうだったの？」

「そりゃあ、やっかい者が来たとうとましく思われたわ。物置に住まわしてもらって、農家だったんで田圃《たんぼ》や畑を手伝ったわ。あれ地を借りていろんなもの作ったけど、すぐとられてね。東京の人間だからろくなもん作れんのに、そんなもんまでとるんだよ。苦労したわ」

「中学を出て蒲郡《がまごおり》（愛知県）の『スズゴン』という織物の会社で十二年くらい働いた。その当時、蒲郡にも豊橋にもダンスホールがあったけど、いろんなところへ踊りに行ったわ。納屋橋（名古屋市）の温泉パレスでとうちゃんと出会った。何回もデートはしなかったけど、二九歳で結婚した。じもくじが〃じごく〃と聞こえてね、じごくってとこへ行くんかと、変なとこと思ったよ」

「〃結婚式はあげない〃と言って桑名（三重県）のおじさんと、とうちゃんの親が来たわ。でも、それではいかんと私の母親が花嫁衣装を着せて親せきをよんで結婚式と披露宴やって、すぐこっちに来て新婚生活がはじまった。北の方の高木喜左衛門さんの借家を借りて住んだんだけど、住んでるとこだけ売ってくれた。とうちゃんは、ひとところに落ち着いて仕事することができないもんでよー、よく仕事かわったわ。性格は人なつっこいんだけど、がんこで、いっこくでもめるとすぐやめるんだわ。高畑（名古屋市）が一番長かったんじゃないかな。それでも十二年。短いとこで一～二カ月。年金もらう時、仕事したところの一覧表を見たら（その数は）最高だった。今から七年前、七五歳でなくなったけど、やりたい放題、言いたい放題だったんで、好きに生きて幸せだったんじゃない。そのぶん私は苦労したわ」

「で、ノブコさん、五十年以上も住んでいて、あんまりどこに誰が住んでいるか知らんよね」

「隣近所とはあんまり付き合わんかったし、なじめなかった」

「うん、うん。でも、ノブコさんもどっちか言うと我が道を行くって感じだしー。婦人部で大会や集会に行って旅館にとまって、大部屋で寝とって、朝五時前からガーっとカーテンあけて…。みんなまだ寝とったんで開けるな！　と怒られとったがね。定時におきて、布団たたんで、ごはん食べてって感じ。もう一人そんな人いるよ。隣に住んでいる人が五時になると掃除機かけて、八時になると洗濯物干して、しまう時間も五分とちがわなくって、時計いらんぐらいの生活してたって人いたけど、ノブコさんもその口ね。だけど、パッパッパッっと動くんでケガも多いんだよ。八十歳もすぎたんでスロースロークイックで動かんと」

「うーん、この前も自転車で転んだわ」

「そのうち、転倒、骨折、寝たきりになるよ。足のつけれる大きさの自転車にせないかんよ」

「……」

江戸っ子と言うには短い年数しか東京にいなかったノブコさん。その気性は、戦争未亡人で知らない豊橋（愛知県）の地でがんばって生きた母親ゆずりかもしれない。娘は近くの建売住宅に住んで堅実に生きているが、息子はまだ一人もんで、手がかかってしょうがないとぼやいている。


（二〇一八年聞き取り）

9．きさくな加藤さん—しっかり地域になじんで—

そのうち時期を見て話を聞きに行こう—と思っていた人が、二〇一九年に入って二人もなくなった。温厚な鈴木（仮名）さん（五二頁）のつれあいさんと、穏やかな加藤さん夫婦（四九頁）の弟さんだ。具合が悪いと聞いていたので、元気になられたらと思っていた矢先のことだ。

照りつける五月の太陽をさけて入った近くの喫茶店で、ばったり出会ったのは加藤さんの奥さん。義兄《おにい》さんの話をして了解をとり、自宅を訪ねたのは六月のはじめ。原稿の締め切りが目の前にぶらさがっていて待ったなしであった。約束をした日の朝ケータイが鳴って、「出かける用事ができたので別の日にしてくれない？」との声。いやいや、今日聞いて書かかなければ間に合わない。「今からでも…」と懇願するとOK。喫茶店で少し聞いていたので、結婚した年齢や仕事、暮らしぶりなどを掘り下げて聞くために自転車をこいだ。なぜ自転車か—近いということもあるが、かつての地域改善対策事業の計画道路ができなかったために車が入れないからである。

「この前、すごく（結婚を）反対されたと聞いたけどなんでだろ？」

「すごく反対したのは育ててくれたおばあちゃんで、母は反対しなかった。母は、私がものごころついた頃離婚して単身で名古屋に出ていたので、（反対したのは）近所の人が〃フジノさま〃と呼んでいたおばあちゃんなんだわね。おばあちゃんは、一宮（愛知県）の田舎の庄家格の家に後添えに入った人で、清須（愛知県）の出なんで、ここんとこのことよく知っていたんだわ。『あそこは男が楽して女が働いている所だから苦労するで』と」

私は学校を出て商事会社に勤めていて、その時母が勤めていたビルのオーナーが津島（愛知県）の天王通りにある娯楽施設を経営していて、いとこに誘われて遊びに行って夫と知り合ったのよ。子どもができると反対しとれんしね。ま—あの人は若い時はやんちゃでね、よう遊んでくれたわ。子どもを一人しかつくらんかったんは、わかれても子どもが一人ならやっていけるかなと思って。ここまで長く続くとは思ってなかった。娘は今、五一歳になって小学校の近くの建て売り住宅を買って住んでいる。今日は夜勤明けの娘と出かけるんだわ。

夫は外面《そとづら》がいい人だけど末っ子でわがままに育っててね、思うようにならんとよう〃切れていた〃

わ。子どもができて会社勤めしたけど、気に入らんことがあるとすぐやめて帰ってきた。だから私も内職やったり、町工場に勤めたりしたよ。住んでる所も最初はここにおって、稲沢（愛知県）、小牧（愛知県）と住んで、娘が働くようになった時分《じぶん》におじいさんが病気になって面倒見る人がおらんで、またここに戻ったの。だから夫も鉄工所だったり、町工場だったり、建築関係の材料屋だったり、ようかわったよ。四十歳越して落ちついたわ。男兄弟では長男と末っ子が活発で、中二人はおっとなしい人なのよね。夫もおとなしくなってねえ。離婚も考えたことあったけど、私と同んなじように子どもをさみしい思いさせてはいかんと思って離婚せんでよかったわ」

夫がなくなり、ねむれない日もあると言っていた加藤さん。話すことで気が晴れたかもしれない。二回目に訪れた時も「九時に友だちが待っているから…」とお出かけだった気さくな加藤さん。友だちもしっかり作って、十分に地域に根を張って生きている。

（二〇一九年聞き取り）

二　地区外の在住者―地区内外婚―

10．今どきの若者はたのもしい―港区に住む村田（仮名）さん―

二〇一七年からパートで名駅ビルに勤めはじめた女性がいる。名古屋市港区からあおなみ線で出勤してくる。ベビーカーを押して、三歳の子どもをつれての出勤である。年があけ四月になってからは、幼稚園に送って行ってから、はれてカラ身の出勤だ。それにしても、今どきの若者に似せんタフさがある。

今どきの若者はまず子ども優先、夫優先、自分優先ではないだろうか。

夫「子連れの出勤？ そんなの聞いたことがない。日曜日も出る？ オレと子どものメシはどうする？ やめとけ」「…」

そういう会話があったかどうかわからないが、「うちの仕事やらない？」との私の突然の電話に、「子どもつれて行っていいのなら」と引き受けてくれた。小さな昼寝用の布団まで持参し働いている彼女は〝強い〟と思った。

上の子どもが赤ちゃんの頃は（甚目寺の）二戸一住宅に住んでいたが、突然出て行った。聞けば名古屋市のマンションを購入したからだそうだ。めずらしい名字なので「どこの出？」と聞くと、九州とのこと。

赤ちゃんの時から村田さんを知っており、今の仕事ぶりから考えても「さすがだ！」と思わせる話がある。本人は大学生になったばかりのことなので、なぜその場に自分が居合わせたのかよくはわかっていないだろうが、二十年前のことである。覚えているにちがいない。

「ねえ、あなたが大学に入った時県庁に行って、授業料免除にならないのはおかしい、祖父母が育て授業料を出しているので公立高校も免除になっていた、県立大学では免除にならないのか―と紙に書いたのを読んでもらったんだよね」

「覚えてます。『父』がいても生活は別なのに、戸籍上いるから免除にはできないと言われたんですよね」

「育てて学校に行かせてくれたのはおじいちゃんとおばあちゃんだよね。何の仕事してみえた？鉄かなんかが家にたくさんあったこと覚えているんだけど――」

「鉄クズなんかいっぱい飛び散っていて、私そこで遊んでいてケガしたりしたから…鉄工所やってました。おばあちゃんがなくなってやめました」

「私が家にうかがった時は、すでに高齢だったような気がするんだけど、おいくつだったんだろ？」

「私が生まれた時が五五歳で、中学校卒業した時がちょうど七十歳。その時はもう仕事はしてなくて、蓄えをとりくずして生活してたんじゃないですかね」

「で、県交渉で訴えてもらったんだよね」

「はい。緊張しました。でも家族票の中に父の名前があるからだめだって言われたんですよね。それはよく覚えています」

「交渉の結果、認めて貰えた」

「はい」

「大学を卒業して、すぐコンピューター関係の仕事したの？」

「いいえ、観光系の専門学校に行ってインターンシップなど経験しました。でも、一期一会も素晴らしいけど人と関わる仕事がしたいなと思って、パソコンインストラクターの仕事についたんです」

「だんなさんとはどこで知り合ったの？」

「実は生徒としてパソコン習いにきていて…」

「生徒と先生だった？ 生徒さんと結婚したわけね。地域のことは知ってた？」

「いいえ。誰も何にも言わなかったから私自身知らなかったし、だんなさんは言葉も聞いたことないと思います」

「この仕事をやるようになって、今回の県連大会の手伝いもしてもらったんで知ってしまった―？だんなさんも子どもをつれて来てくれたし、お父さんも参加してくれて、里帰りだったわけだ。いいだんなさんなんだね」

「夫は、人権問題に取り組んでいる団体と思っているようです」

我が家は生活の会話のほとんどが解放運動一色で、書物もズラーっと並んでいる。だが、フツーの家庭の日常会話は、「ねこがねこをうんだ」の類いの会話だろう。時には夫婦の痴話《ちわ》喧嘩《げんか》だったり、親子の感情むき出しの喧嘩だったり、泣いたり笑ったり、子どもの成績に一喜一憂したり〝たわいもないこと〟のつみ重ねが家族ではないだろうか。三八歳の女性の話だ。（二〇一八年聞き取り）

11 自分で味つけせな気に入らんと神山さん―ゆもとから小僧に―

九四歳になる神山さん（男性）は、隣の地域に住んでいる。今も自転車でスーパーに買い物に出かける姿は仙人のようだ。その神山さんの奥さんは「うち（地域）の方の人だ」と聞いていたが、詳しいことは聞いたことがない。聞き取りをはじめて間もなく息子さんと話す機会があった。

「おやじは福島から来た人間だけど、お袋はカクベエさんの子で、ワシは地域の子としか遊んだことはなかったし、気持ちはあっち（地域）の子だった。昔は年寄りはよう言うとったけど、きょうびはそんなこと話題にもならん」

その父はなぜ福島から？　と聞きに行った。「小僧の世話やきの人がいてよ。十歳ごろ三河の鉄工場の小僧に行った。いろんなことやったなあ。あっちの小僧、こっちの小僧。十五歳ごろ刷毛《はけ》屋の小僧に入って、行商もやった。戦争の時、徴用で岐阜の川崎工場に行って終戦をむかえて、ここに土地を買って家を建てた。一緒に行商に行ったこまつ（女性）と一緒になった。人生長いようで短かったなあ。まーじきわしもおしまいかの」

むっとする暑さの夕暮れ時だった。おしんの世界がまだここにあった。（二〇一七年聞き取り）

12. 幸せと不幸せのはざまで生きた長谷川さん、今度こそ幸せに

名古屋市に住んでいる長谷川さん（女性）が来てくれたのは雨の降る日曜日。「話が聞きたいのだけど」という私の電話に快く応じてくれ、「何の話があるの？」と言いながら入ってきた。

これまで二六人の聞き取りをして、その生きざまを文章にしてきたことを話し、「あなたのも書かせてもらいたいのよ」と言うと「私の話は一冊の本になるぐらい波瀾万丈よ」と言った。それもそうだろう。私が地域に住みはじめてから彼女の家にはじめて行った時「ああ、『にあんちゃん』（一九五九年映画、今村昌平監督、出演・長門裕之、松尾嘉代他）の世界がここにある！」とびっくりしたことを覚えている。そのことを話し貧乏だけど兄弟力を合わせて生きてゆき、長じてそれぞれが立派な社会人になっていることを書きたいとも言った。

映画さながら板の上にゴザが敷いてあったと思っていたが、畳《たたみ》だったそうだ。それがけばだっていたので映画のシーンと重なったにすぎない。その畳の上にせんべい布団を敷いてふせっていたのが父親だ。彼女に言わせると「病弱なんかじゃないよ、なまかわなだけ。いつもゴロゴロしとったわ！」と語気をあらげた。聞けば、父親は飲む、打つ、買う（買うのは馬券や車券）で母親がパートで働いて給料をもらってくると、それをふんだくって競輪・競馬で使ってしまい、自分の自由にならないと母親どころか子どもたちにまで暴力をふるったそうだ。

夫婦喧嘩はしょっちゅうで、それでも母親が逃げなかったのは「お金に不自由していたので、逃げるに逃げれんかったんだと思う」と言った。自分が中学校を卒業したのをきっかけに、すでに結婚していたいちばん上の姉をたよって女三人で家を出た。出たのはいいが、親が恋しくて一～二カ月でまいもどった。が、親の生活は変わりようもなく再び家出。十六歳で知り合った男性と一緒になり、十七歳で女の子を産んだ。だが、幸せになりたいと逃げて一緒になった人は父と同じ暮らしぶり。暴力、女遊びと、幸せとはほど遠い生活で一歳になるかならないかの子どもをつれて逃げた。

行きついたのが、寮があり託児所もある夜の仕事で、前夫が追いかけてこないかビクビクしながらの生活だった。子どもが二歳の時店に来た今の夫と知り合って、「店の前がり借金もオレが払ってやる、すぐやめろ」と言われて、にわかには信じがたかったが本当に戻ってきて払ってくれた。まるでＴＶドラマを見ているような話をしてくれた。

「オレも十代だったんで、金もなくて借金して前借りのお金全部払って―」と、隣の部屋にいた今の夫がぬっと顔を出して話を継いだ。「で、二戸一住宅で、とうちゃんかあちゃんたちと一緒に住んでたのはオレです」

「そこで私と知り合ったんだ―すっかり顔も忘れてたよ」

二戸一住宅での生活は数年で、親元を離れ仕事も独立し、中古だが名古屋市内に家を買った。

「長女は三一歳になるけど、きびしく育てたので一番しっかりしているよ。次の子は親のきびしさに耐えかねて家出をくり返したけど、難病の二歳の子をかかえて苦労しとる。長男は、今年中学校を出たので親の仕事を手伝う決心をしてくれたわ」

「今がいちばん幸せ！」と彼女はうれしそうに言った。「海外旅行も行かせてくれるし、ムスコが家業をついでくれるし」と、だんなさんを横において彼女は話してくれた。

「弟は、今も昔もガチガチのくそまじめよ」

四人姉妹と末の弟の五人兄弟たちは一人はなくなったが、それぞれにがんばって生きているのだ。

今度は弟さんにも話を聞こう。

雨の中を二人で帰っていった彼女は、今、四八歳。

先日うれしい知らせがあった。「長女、正看護師の資格も無事に取れたよ」化粧気もなく、飾り気もなく、地道なおかみさんだ。

（二〇一九年聞き取り）

13. 穏やかな加藤さん夫婦は、見合い結婚

加藤さん夫婦の人生には山も谷もあっただろうが、穏やかな語り口調には、そびえる山も深い谷底もなんなくのりこえてきた夫婦の七十余年の人生を垣間見ることができた。

夫七四歳、妻七一歳。話をしてくれたのは奥さんだ。三重県尾鷲市三木里の出身。名古屋市で靴の材料の卸商をやっていた兄が、取引先の娘さんと結婚して地域に住み、そこのしゅとめさんが見合いの話を持ってきてくれ、すんなり見合いし結婚した。加藤さん本人も中学校卒業後兄の仕事を手伝っていて、何の抵抗もなく結婚した。抵抗などあろうはずもない。

地域のことは知っていたの？という私の問いに、親からも周囲の大人たちからもまったく聞いたことがなく、知らずにいたそうだ。三木里では何をなりわいとしていたのですか？と聞くと、林業中心で野菜などは自分たちが食べる分だけ作って、きわめて牧歌的でつつましやかな生活をおくっていたと語ってくれた。

私と知り合った時は地域の中に家を建て、子どもと三人で暮らしていた。近くに兄の家もあって落ち着いた生活であった。そのうち、靴が下火になって廃業し、兄は名古屋市に出てタクシーの運転手

になった。夫は中学校を出て地域の中にある会社の製品を運ぶトラックの運転手をやっていて、十五歳から定年までの四五年働き続けた。

兄が出て行ってしばらくして、息子が中学校にあがるのを機に、加藤さんたちも建て売り住宅をもとめて出ていった。息子は高校を出て平凡な会社員となった。車をなぶる（いじる）のが趣味で、それが高じて車の部品関係を扱う仕事を選んだ。その息子も知人の紹介で見合い結婚。親の近くの建て売り住宅を購入して住んでいる。

二〇一九年四月の初旬、彼（息子）の家の近くに行ったら、庭先で車の部品を磨いたり取り付けしたりしていた。中年になった彼は顔も体型も父親にそっくりで、しばらく立ち話をしたが話しぶりにいたっては寸分たがわず父そのものだった。東北の人かな？と思わせる、あまり口を聞かないでポショポショと小さな声でしゃべる。実直そのものの親子は、紛れもなく甚目寺生まれの甚目寺育ちだ。

奥さんに、「だんなさん、おとなしくて、大きな声も出されないし、やさしいでしょう？」と聞くと「そうでもないよ。中味はねぇ…アハハ」と返ってきた。長い年月一緒に暮らしていると、わがままも出るし、ケンカもすることもある。それが夫婦ゲンカだったり親子ゲンカだったり。

甚目寺の新興住宅の一角は静かで、隣近所とのつきあいはやはり穏やかだ。夫婦二人にはこれといった趣味もないそうだ。下書きの文章を持って行って、玄関先に座り込んで文章を読み上げ掲載の了解をとったが、奥の部屋でフフフと笑い声がし、はじめてだんなさんもいて二人の話を聞いていたことを知ったが、いいともいかんとも言わずニコッと笑っただけだった。

（二〇一九年聞き取り）

14．今どきの若者―楠原さん―

二年前、三重県出身の三歳年下の女性と結婚。「（地区のことは）自分自身が知らなかったので話してはないし、知った今も告げる必要はない」と語ってくれたのは二八歳の若いお父さん。結婚を機に清須市（愛知県）に中古の建売住宅を買い、移り住んでいる。名字から推測して、祖父が地域の人と結婚したことがうかがえる。お母さんは、滋賀県甲賀の人で背の高いキリッとした人だ。私が「甲賀の忍者、くのいち？」と笑って聞くと「すげー田舎。そうかもしれん」とこれまた笑って応えた。

その楠原さん、「中学校の頃、友だちに『おまえんとこ同和地区だろ。親が言っとった』と言われたことがあるが、（友人の）三人とも『ふーん』とだけ反応した」

青年期になって三人の内の一人が、「結婚するのなら地区同士はやめてほしい。できたら外の人と結婚して」と親に言われたと話してくれた。聞けば地域内で生まれ育ち、現在独身。祖母、母と一緒に地域で暮らしている。楠原さんの妹は、愛知県西部の人と結婚し、地域の中層住宅で親子四人で生活している。今度、妹さんとつれ合いさんにも話を聞こう。

中学時代のもう一人の友人もその親も相手は地区外の人で、日常生活の中に部落問題に関する会話はない。私の家の三軒東の人で、『地域と人権』（機関紙）を入れているし、県連大会に祖母も父も参加してくれているので知らないはずはない。

（二〇一七年聞き取り）

15. 温厚なのは親ゆずり―鈴木（仮名）さん兄弟姉妹―

参議院選挙のさなか、旧甚目寺のどまんなかに住んでいる人を訪ねた。凪《なぎ》でムッとする午後四時すぎのことである。ドアに鍵がかかっていたので留守かなあと帰りかけたところ、中から声がした。狭い通路をすりぬけて勝手口の方に行くと鈴木さん（女性）がにこにこして戸を開けてくれ、「うちは五時に夕飯なんだわ。娘と息子が来るんだけど…」と言いながらもまねき入れてくれた。だんなさんが亡くなられて落ちつかれたかなあと、日頃の失礼をわびながら腰をおろし、三十分話を聞いた。ほどなく娘さん、ムコさん、息子さんがみえ食事の支度がはじまった。それを機に腰をあげた。

「日中は暇《ひま》しとるで昼間に来てね」と言われていたので、そろそろ行こうかなあと思っていた矢先、先日逢った娘さんから電話が入った。急いで出向くともう一人の娘さんも遠方からみえていて、用件は別のことだったが、あわせて三人の話を聞いた。

鈴木さん七七歳。六五頁に登場する伊東さんの妻の姉は、七四歳となっている。ん？ 年齢が違うぞ―満年齢でいう世代と数え年でいう世代の違いか？ 「七七歳ならうちの義兄と同級生ですね、ご存じですか？」と聞いてみたが、「？？？」。後でわかるのだが、まずひととおりのことを聞いた。

「うん、じいちゃん（夫）の父親が反対したよ。大工をやっていた人。私が十九歳の時だった」

「で、反対だったけど結婚した―。だんなさんはいくつでした？ 何をやられてた人なんですか？」

「二つ違いの二一歳。刷毛《はけ》屋で知り合って一緒になった。子どもができたら反対しとれんわなあ」

「で、その子というのがここにみえる長女さんなんですね」

「うん」

「子どもさんは三人ですか？」

「この二人と近くにいる男の子」

「長女さんはどちらにお住いですか？」

「三河（愛知県）の岡崎です」

「次女さんと長男さんは、ずっとあま市ですか？ 鈴木さんも？ 私が知った時はこちらにお住まいでしたね」

「最初は小学校近くに住んでいて、次に甚目寺駅近くに移って、それからここに。子どもが小さい頃は在所にいたこともあるよ」

「仕事は何をしてみえたんですか？」

「じいちゃんの兄がプレス工場をやることになったので、そこで働いて、慣れん仕事だもんでケガして…」

今、五八歳になる長女、五一歳になる次女、真ん中の男の子。三人とも私学の高校を卒業し、それぞれが自立している。別の用件での話も納得がいくまで話したが、子どもたちが母を支えてやさしい。話の中で、「わしは小学校にも行ってないので、子どもたちが助けてくれる」と。

※

「うちは貧乏だったし、子どもが七人もいたから…」「弟や妹さんの世話をする人が必要だった…？」だから（小学校にも行ってないので）、同級生であるはずの私の夫の兄を「知ってる？」と聞いても、「？？？」なのだ。鈴木さんの兄弟姉妹は、みんなおとなしい。今、残っているのは、女三人男一人。今回、その四人を訪ねた。亡くなった男兄弟のつれあいの方にも話を聞きたかったが、家がわからず断念。いずれの夫婦も口数少なく、時のあいさつぐらいしかかわしたことがなかった。

次女（七四歳）のことはすでに書いたが、あらためて聞いた。「女三人は仲が良く、姉の意見には『そうだね』と同意してケンカしたこともないよ。男兄弟ともそう。夫？ 夫は器用な人なんでなんでもやってくれるのでありがたい。小学校は出たよ。下の三人は中学校まで行った」

三女（六六歳）は、若い分だけ快活だ。「見合い結婚だけど、私は内弁慶でどちらかというとやんちゃ。でも、上は上でたてるし…」と次女と同じだ。

三男（七一歳）は、もっと無口だった。聞くことに、うんうんとうなづいて同意するくらいだったが、「中学校を出て塗装業のとこに勤め、親が買った土地に銀行から融資を受けて自分の家を建て、三六歳で地元の人と見合い結婚。子ども四人はそれぞれ独立。七十歳すぎて静かにくらしている」とポツリポツリ話してくれた。

「両親は？」という問いに次女が答えてくれた。「父は外町（愛知県清須市）の出で、ひよかた（日雇）をしていたが行商もやった。母はぞうりを編んでいたけど、夫と行商にも行った。二人とも口べたで丸い人で、よう売ってこんで貧乏だった」とやはり静かに語ってくれた。

「市井《しせい》の人々」の姿を、この兄弟姉妹に見た。

（二〇一九年聞き取り）

三　夫婦とも地区外の出身―地区内に居住―

16. 今も青森なまりがとれない長谷川さん夫婦

地域の中でいちばんはじめに建売り住宅が建ち、売り出されたのはずいぶん前のことだが、最初にそこを買った人を訪ねた。長谷川さん（男性）と言う。青森から来た人で、いまだに訛《なまり》がとれない。一九七九（昭和五四）年に、三軒建ったうちの一軒を買った。角地だから、隣と一〇〇万円ちがいの一八〇〇万円（土地が一〇〇〇万円、家が八〇〇万円）だったそうだ。共通の道路部分を除いて、四十坪の広さの所に家が建っている。当時、制定されて間がなかった、土地取得ならびに住宅新築・改修貸付制度（甚目寺町住宅新築資金貸付制度条例＝昭和五一年）を活用して、三軒とも地域に住んでいる人がすぐ買った。いずれの家もきちんと返済している。旧甚目寺町で、この制度を活用したのは四八人で、返済率は九九％以上である。

その長谷川さん。地域の人と結婚していた姉をたよって兄弟三人で愛知県に来たのは、一九六五（昭和四十）年。一年後に二歳と一歳になる娘をつれて妻が来た。二七歳の長谷川さんと二四歳の妻

―なぜ愛知に？

青森の浅虫《あさむし》に住んでいたが、旧陸軍の演習場があった山田野（青森県）に開墾のために行った。二十町歩の広大な畑であったが現金収入はなく、お金を借りて作付し収穫後に返済するという生活を続けたが、それではいつまでも貧困からぬけ出せない。加えて雪深い北の地での生活は展望が見出せず、外国にでも行くような覚悟で姉のいるこの地に来たのだ。

トラックの運転手をして、必死に働き家を買った。同じように、この地に来た兄弟もそれぞれ近くにできた建売り住宅を買った。今、兄たちはなくなり子どもたちの世代になっているが、それぞれ穏やかに暮らしている。長年隣接地にあるブラシ工場に勤め家計を支えた妻は若い頃全解連の支部役員や年金者組合役員をやってきて、八十歳近くなった今でも友人と出かけて元気だ。

ここに来て五十年にもなると言った長谷川さんは、七九歳。実直で大きい人だ。

話を聞いた次の日、文章をまとめて再び訪れた。実名を載せていいかどうかと内容の確認のためだ。長谷川さんは一枚の紙を持って待っていてくれた。入植地の売買を記したものだった。そして生まれ育った所は樺太《からふと》で小学校一年生の時に終戦をむかえ、漁師をしていた父の船で稚内《わっかない》（北海道）まで来て汽車に乗り青森のおばさんのうちまで来たこと、そこは西津軽郡鰺ヶ沢町だったこと、いつもは無口な人が饒舌《じょうぜつ》で夕食も忘れて話してくれた。

「記憶のある限り自分で手記をまとめてみて下さいよ！」と話して家をあとにした。妻はその間にこにこして聞いていていて、時折り一言、二言合いの手を入れただけだった。（二〇一七年聞き取り）

17．地域に馴染んで、頼りがいのある亀井さん

「ごめん、ごめん。亀井さん、肝心な人忘れてた！ 役員やってる人を一番に聞かなかんかったね」 そう言いながらメモ用紙を出した。彼は数年前から県連の役員をやっており、旗びらき、大会、県交渉とその都度重要な役割をはたしている。地域の老人会の役員もやっており、地域にはなくてはならない人である。

七四歳の亀井さん（男性）。五十歳のとき地域に家を買い求め、移り住んだそうだ。

「ここの家はどうやって知って買ったの？」

「商業新聞の広告に出ていた中古住宅を買ったんだわ…。名古屋の大手の不動産屋の広告」

「袋地で車も入れん土地だし、坪数もそんなに大きくなく…。安かったの？」

「いや、バブル期が終わったころだったので、そー安くはなかったよ…大きさは三八坪」

「いくらだった？」

「新聞に出ていた値段よりちょこっとまけてもらって、一〇八〇万円で買った。当時、名古屋市瑞穂区で三八〇〇円の借家に住んでいて、駐車場に一万円もかかっていた。ここは十年ローン組んで、月に二万円ぐらいの返済額で済むし、子どもがおらんのでここでええか―と決めた。兄貴が大工やっとって見てもらったら建て売り住宅でないし、切妻《きりづま》屋根で雨もりの心配もないし、ええんじゃないかと言って買ったよ」

「同和地区って知ってた?」

「いや知らんかった。瑞穂区で生まれたんで、そういうことは全然知らんかった。巡礼橋(愛知県清須市)のとこの中華料理屋に入ったら、どこに住んどるの? と聞かれたので、コーワの東側だよと言ったら、同和地区と知らずに買ったんか? と言われて知ったよ」

「で?」

「怖いところという人もいるけど、怖い人はどこにでもいるし、いい人はいい人でいる。来てすぐ名古屋に出かけたんだけど、布団干して行ったら大雨になってよー、ああ、今日は布団なしで寝ないかんなあと思って帰ったら、東隣の奥さんが軒の下に入れとってくれて…。ええ人だよ。裏の奥さんは、死んだ女房と同い年で仲良くなった。中華屋の話は布団の後だったんで、えー人ばっかりだよと言ったんだわ」

「ね、ね、亀井さん、こっちに来たとき、おばあさんいた? 二階からやせた年寄りの人が出てみえたのを覚えてるけど」

「あの人は池田さん(仮名)と言って、今池の人で俺の前に買った人だわ」

ことほどさように亀井さんは、おおらかで親しみやすくかつ面倒見がいい。気さくな人柄で二五年たった今では地域に馴染《なじ》んでたのもしい人だ。

具合が悪いーと声がかかればお医者さんまで、十時になったら喫茶店からスーパーまで一緒に買い物、近所の高齢者の方とダベリング。役場への提出書類、手続きは一緒に行って申請、制度の活用は? と疑問に思ったらすぐ、「たんばさーん教えて」と声がかかる。

セカンドハウスとして、三重県の海岸べりにも家を持っているが、このところ使ったことはないぐらい地域のみんなとの付き合いなどで忙しい。

私と知り合ったのは十年たらず前で、年金を受給するようになり、確定申告について支部事務所に相談に見えてからだが、長い付き合いに感じる存在感がある。

（二〇一七年聞き取り）

18. あらっ、ここにもダンスやってた人が！

「私がね十九歳、夫が二五歳の時にね、ダンスホールで知り合って結婚したんだわ。いい男だったわ―」と、鴨居《かもい》の所の写真に目をやってしみじみと言った大島（女性）さん。若い時のだんなさの写真を見せてくれた。今年十七回忌だそうだ。ちょうど還暦の六十歳の時になくなったそうで、生きていれば八四歳。ん？　数があわんぞ、ま、いいか。

久しぶりの客なのか、ことのほか饒舌《じょうぜつ》だ。それもそうだ、中層住宅の四階へは何か目的がなければなかなか上がっていけない。私も途中で一回休憩が必要だ。ましてや転倒し骨折した高齢者にとって、エレベーターのない四階から降りてダベリング、コーヒータイムをとるとなるとヨイショがいる。久しぶりに上まであがってきた人に、座って座って！と、目的（聞き取り）がなかなかすすまない中でのだんなさんとの思い出話だ。

若いころはダンスがはやってたね、九州でもよくダンスホールに行ったわ。名古屋に来てからも二人でよく行ったよ。父ちゃんはいい男だったし、成績もオール五の人で役場の職員をしていた。けど九州で暮らすより名古屋がいいかなと思って、先に来ていた弟二人をたよって来たのよ。都会の生活にあこがれてたのね。最初は、清須（愛知県）のアパートに住んで靴職人になったのよ。で、親方に紹介してもらってここに来て今に至ってるんだわ」

「―九州のどこかって？　とうちゃんは長崎県の島原、私は諫早《いさはや》市（長崎県）うきまち。有明海の海にばっか入ってたわ。結婚してすごこっちに来て女の子一人と男の子二人できた。とうちゃんが交通事故にあって毎日病院に見舞いに行っていたら、同室に大企業の人事課長さんが入院していて働かんかと声をかけてくれたんだわね。だから今、年金が出て安心。息子もしょっちゅう来てくれるし幸せよ」

聞きとりをはじめてから、社交ダンスをしてたという人に出くわしたのは三人目だ。しかも、いずれもそれが縁で結婚したという人たちだ。大島さんたち世代がダンスホール花盛りの時代だったのだろう。華やかな衣装を身にまとい、ホールいっぱいの人が所せましと踊っていたにちがいない。何をかくそう私もスロー、スロー、クイック、クイックと踊ったくちだ。映画館もなくダンスホールなどもない山の中だったから、もっぱら公民館でのダンス教室や会館での納涼ダンスパーティーだったりクリスマス会だったりで、歌声喫茶同様あちこちで開かれていた。大島さんたちから上の世代は、戦争という暗い時代から戦後という「自由」をいっきに謳歌《おうか》し、ジャズを聞き軽音楽で踊る「若者」たちの時代だった。皆さん、話す時は目がキラキラ輝いて心もうきうきしている。

みんないい人！　と私より十歳年上の大島さんは満面の笑みを浮かべた。（二〇一八年聞き取り）

19. おおらかなお母さん―うめださん―

うめださんは現在四八歳。二〇〇八年、地域に土地を買い求め、家を建てた子育て真最中のお母さん。実家は名古屋市西区。夫は名古屋市中村区の人で、子育てに適した環境をと名古屋市近郊で土地を探した。中川区（名古屋市）、大治町（愛知県）、清須市（愛知県）など不動産屋はいろいろな物件を提示してくれたが、子育てするのに交通量も少なく静かな所を選んで購入し、家を建てたのが地域のど真ん中である。

清須市上条に友人が働いていた飲食店があり、よくそこに来ていて地域のことはよく知っていたが、双方の親も本人たちも同和地区ということは承知で、別に何のためらいもなく購入。特別安かったわけではなく、隣接の字と坪一万円～二万円安かっただけで、一〇〇坪は大きすぎたので分筆してもらったそうだ。隣家も他の地域から来た人で、近所の人と仲良く暮らしている。近所の人たちは子どもに声をかけてくれるし、よくしてくれる。同和対策事業での道路未整備のところが近くにあり、狭くなっている分、車がスピードを出して通り抜けできないので「静かで安全！」と目を細めて話してくれた。引っ越しの時、一歳だったお母さんに似た体型の一人息子はギャングエイジを越して、やさしくたくましく育っている。

（二〇一七年聞き取り）

20．北のはてからもう一人―あっという間の六五年―

昭和二七年に、北のはてから（愛知県清須市）外町の三輪医院のところの借家に引っ越して来たと話してくれたのは北村（仮名）さん夫婦。実に六五年も前のことだ。地域の人は、その人の特徴をとらえてあだ名をつけるのが上手で、北村さんもあだ名のほうがよく知られており、本名は何だったっけという感じだ。今回名前をださないならということで話してくれた。

北村さんが甚目寺の土を踏んだのは二十歳の時。六カ月になる息子をつれ、寒い冬の一月、甚目寺駅に降り立ったそうだ。みやげのするめを持って。何て読むのかわからないから駅員に聞き、駅名を・・・じもくじと知ったそうだ。

「なんで遠路はるばる甚目寺なんですか？」

「いやいや、姉が学徒義勇軍として五～七人で本州に来て、豊橋（愛知県）の繊維工場で働いていて、こちらの甚六さんの息子と一緒になった」「いっぺん名古屋さとこへ行ってみてこい」と言われ、二晩泊まって帰った。その時姉が一万円の小遣いをくれ、親は十歳の時すでになくなっていたので、「船（にしん漁）乗るのやめてこっちさ来い」と言ってくれた。

その年の六月いっぱいまではにしん場で契約していたので夫はそれまでは船に乗り、七月に再び来て十月には家族を迎えに行って家族中で移り住んだ。最初は借家に住み、今の四五坪の土地を借りる権利を五万円で買い、家を建てた。二三～二四歳の時のことだ。今、数え年で夫は八八歳、自分は八五歳になるという。

最近、借りた土地を地主が不動産屋に売り、買った不動産屋から、一代限り貸すがその後は出て行ってくれと宣告されてしまった。五万円で買った時、「加藤文一が死んだら自由にせよ」と書いたものをもらったが、印かんが押してなかったので無効だと言われ、たんばさんに相談したんだよ―昨年の夏のことである。

「息子も早く死んで孫は一人だけだし、清須のマンションに住んでいて戻ってこないし、おじいさんたちの代だけでおしまいにせよと言うので、そうすることにしたわ」

「仏壇も大須（名古屋市）で作ってもらったし…。柱十四本、紋《もん》まで入れて二六〇万円で作った立派なのがあるし、墓も稲沢（愛知県）に二四〇万円で建てて、父の五十回忌もここでやって…」墓地もあわせると六〇〇万円もかかったそうだ。

「北の漁師町から来てバカにされたけど、みんなと同じ様に行商もやったし、たんばさんのおじいさん（義父・繁正）が土木委員長をやってたころ、選挙の応援にも行ったよ」と。

あっという間に時は過ぎた。

何年か前の夏、シルバー人材センターの仕事で草むしりをやっていて熱中症にかかってからは仕事はやめたが、勤勉な北村さん。寒い地方の人で口の重い人かと思っていたが、持って行った下書きの紙五枚分いっきにしゃべってくれた。孫の話になると写真、卒業証書、卒論の優秀賞など出してきて、うれしそうに目を細め昔をなつかしんでいた。

（二〇一八年聞き取り）

四　夫婦とも地区の出身―地区内に居住―

21．「おばあさん（母）の葬儀の時、外国の人が来たよ」と伊東（仮名）さん

先日「四十歳になる次男が東京で結婚するので行ってくるわ」と話していた伊東さん（男性）。彼の長男と私の娘が同級生で、家が近いこともあって日常の会話もよく交わしていたので「そこんところ聞きたいんだわね」と聞いてみた。

「（次男は）自分の生まれた所のことは知っとると思うけど、わざわざ（地区のことを）言うこともないので何も告げなかった。相手は東京の人で年上。言う必要もないけど、子どもにまかせた。二人が塩梅《あんばい》ようやってくれたらええんじゃないか」と、もの静かに語ってくれた。

四十年間大企業で働いていた彼は夫の同級生で、「中学を卒業してずーと一つの会社に勤めあげた三人のうちの一人だ」と夫は感心して言う。実際は伊東さんは私立高校に行ったが中退し、しばらくブラブラして二五歳であの会社に入ったのだそうだが、労働者としての規律性を持った人だ。一年に一度は元同僚と旅行に行くよと穏やかだ。

「僕も姉もじげ（地元）同士の結婚だけど、女房の方は色々だよ。八人も兄弟姉妹がいるからね」と。奥さんの兄弟姉妹のことである。聞いてみた。奥さんの兄弟姉妹のことを順繰りに淡々と話してくれた。

長男七八歳、次男、三男は地元同士の結婚。長女八四歳、旧甚目寺の人と結婚。次女は、旧美和町（愛知県）の人と結婚。三女（伊東さんの妻）は地元同士の結婚。四男、未婚。五男は不明。

長女の結婚に際しては、相手の親の反対はあったが、町工場をやっていたおじさんたちが親を諭してくれたそうだ。長女の夫・鈴木（仮名）さんとは十数年ほど前から立ち話程度であるが、親しく会話をしている。鈴木さんの妻である長女とも、数年前から食事をともにする間がらである。自転車に乗って話を聞きに行こう。

さらに伊東さんは、名古屋に住んでいる姉・太田（仮名）さんの子どもたちのことも話してくれた。めいにあたる長女は小学校は地元の公立校に行き、中学校・高校は私立、大学は県立大学に進み外資系会社に勤め、名古屋市内の人と結婚した。もうすぐ還暦をむかえる。次女は私立高校を卒業し銀行に勤め、社内結婚をした。三女は国家公務員と結婚したそうだ。

私は、伊東さんの奥さんの兄弟の四・五男をのぞいて交流があるし、太田さん夫婦は全解連の役員もやっていた時期があり、よく知っている。

世間は狭くもあり広くもある。皆、自由に交流している。

伊東さんの奥さんの姉（次女）宅を訪ねた。土曜日の午後、夫婦二人で家の中にひっそりといた。次女の夫は隣の町の人だということを聞いて、そのいきさつを伺いたいと訪問の目的をのべた。

次女の夫は旧美和町木田の出身で、若い頃刷毛屋《はけや》に仕事に来ていて知り合い、二四～二五歳で一緒になったこと、親兄弟の反対はなくすんなりと結婚した。結婚式はしなかったとのこと。「わしはわけありでね」と意味深に言うだんなさんに、「わけありって、さしつかえなければ話していただけませんか？」と小さな声で聞いた。「いや、わしは二回目の結婚なんだわ」とあっさり話してくれた。わけありって、すっごく意味深長で想像たくましくして構えていたが、なんのことはないよくある話ではないか。

それに続いて色々話してくれた。父はむくい（愛知県）の出で、ブラジルに移住していたが、帰ってきて結婚し、一男一女をもうけた。自分は中学を出て刷毛屋で働いたのち、日本陶器、高岳と二十年ぐらいを周期に会社勤めをしたということ、会社には名古屋市西区からも三重県からも働きに来ていたが、まじめに働いてくれれば何も言わなかったよとも。

「今、地域には子どもがおらん。若い者にまつりや盆踊りでがんばってもらわないかん」とあがりかまちできっぱりした口調で言いきった。

「平凡で何もない、荒い波風も立たない人生だったよ」盆栽と金魚を飼ってながめるのが趣味だという。

庭先の盆栽が青々としていた。

（二〇一八年聞き取り）

22. まじめな加藤さんの生きざま

二〇一九年一月二一日、人権連とNPO法人おひとりさま合同の新春の集いが行なわれた。その折、編集部から「月末までには原稿下さいね」と催促された。その時点では一行も書いてなく、翌日さっそく訪ねた。私の夫が以前から話していた、「中学卒業してからずーと同じ会社に勤めたまじめな三人」の内の一人だ。

加藤さん（男性）の家に行ったのは寒い日だった。元気な奥さんが出てきて、「あがって、あがって」と言ってくれた。元気なはずだ。七歳年下で六四歳。加藤さんは、名古屋市西区にある大企業に勤めた。二〇一八年になくなり、一人息子は三河（愛知県）の端っこの地に単身赴任。夫とは見合い結婚で、地元同士。二六歳と十九歳での結婚。夫は道楽もせず、酒も飲まず、かけごともせず、まじめ一本の人。

「がんこで私の言うことは聞かない人だったけど、苦労かけられたことはないよ」と。なくなる前「おまえは世間知らずで何にも知らんで教えとく」と死んだ後の色々な手続きをする所に実際連れて行き、これはここで、あれはあそこでこうやるんだよと教えてくれた。「年金の手続きなどメモ書きがしてあり、必要書類が一袋にまとめて入れてあって遺族年金の手続きがスムーズにできたわ。今は一人でなんでもやらんならんけど大丈夫よ。ムスコも父親似でまじめが服着とるような人間だけど、それはそれで安心」

「だんなさんの趣味はなかったの？」

「働いてばかりだったけど、会社の人とよく旅行に行ったわ。こういう所だと、陰口は耳に入っても知らん顔しとったみたい。面とむかって言う人はいなかったらしいわ。職場でもの作りのベテラン職人として二回テレビに出たよ」

六十歳で定年、五年延長して働いた。このことがすべてを物語っているではないか。

加藤さんの親・兄弟はよく知らないが、奥さんの方はよく知っていて、福島県郡山市出身の母親が一人で黙々と働き家族を支えた。二戸一住宅に訪ねていくと「あがってあがって」と招き入れてくれ、しばらく会話を楽しんだ。口数は少ないが、芯《しん》のある人、東北地方独自の語り口調がなつかしい。おばさんが大曽根（名古屋市）にいたので、たよって来て声をかけられてこちらに嫁いだ。背中が丸くなって内股で歩くかっぽまえかけの母親の姿が目にやきついている。

家に帰って「加藤さん二度もＴＶに出たんだって。ものづくりのベテラン職人とやらの番組で―」と夫に話すと、「加藤さんは立派だ。中学卒業してずーと同じ会社に勤めた。課長までやった。まじめが服着て歩いとるような人間だった」あら、奥さんと同じ言葉だ！　続けて「ＴＶに出て晴れやかな明るいことを書かないかんわ」とも。労働者の手本ともいうべき人だ。まじめがなにより。

（二〇一九年聞き取り）

五　独身―地区内に居住―

23. 物静かなキャリアウーマン清水（仮名）さん

今回は仕事（就職）のことについて書こう。このことをずっとあたためてきたが、なかなか清水さん（女性）の自宅を訪ねることができず実現しないでいた。早番遅番の勤務体系の会社なので、夜遅く帰宅したところに訪ねていっては、高齢の母親に迷惑だろうなあと遠慮していたのだ。思い切って日曜日の夜八時半に訪れた。幸い彼女はいた。快く招き入れてくれたが、母親はもう布団の中だった。訪問の目的を話すともの静かに話してくれた。父親は彼女が保育園の時、お兄さんは小学校低学年の時になくなったそうだ。

「父がなくなった時、おばが保育園に迎えにきてくれたんだけど、死ってことがよくわからなくて…」

「おいくつの時だったんですか？　そのあとお母さんは女手一つで育ててくれたんですね」

「四二歳の時でした。母は近所の会社でパートで働いて育ててくれました」

「で、あなたが今のとこに就職したのは？」

「高校を卒業する時、進路指導で進学か就職かが問われて、当然就職と決めていたので学校の進路指導室の資料を見てここにしようかなと思い、就職試験受けたんです」

「就職試験は学力試験と面接？」

「はい、就職氷河期にさしかかる前ということもあってなんとか採用・入社できました。サービス業界なので当時バブル期で忙しく、同じ部署に同期は十人以上配属されました。大卒、専門学校卒、高卒と配属される部署が違って、高卒は希望できる部署は限られていました。何度か人事異動を経た後、今の部署に。今のとこはもう八年ぐらいになります」

「一般職？」

「はい」

「あなたの会社には、うちの地域からもう一人入ったってこと知ってる？」

「はい、社内でばったりあって、あらーと」

「彼女はそこの会社の総合職第一号だったのよ」

「彼女は四年生大学卒なので、私より二年あとに入ったんです」

「あ、そうか、先輩だと思ったら就職では後輩になったのね。老舗《しにせ》サービス業の会社に二人も入ったので、お、すごいと思ったよ。彼女にも話を聞いて二人のことを同時に書こうと思ってたんだけど、なかなか二人に話を聞く機会がなくって、今回あなただけね。で、独身を通してるのはなぜ？」

「うーん、たよってまで生きていこうとは思わない。同級生で独身の人多いですよ。でも、いずれは一緒に暮らす人がいてもいいかなと、籍は入れても入れなくてもどっちでもいいと思ってますけど…。今は友人とジャニーズのコンサートに行ったりして楽しんでます」

キャリアウーマンというには似つかわしくない、物静かな女性だ。ジャニーズが好きって若いなあ。働いて二七年になるそうだ。

お兄さんのことも聞いてみた。

「兄は、高校卒業後国家公務員の試験に合格し、就職しました。今は結婚して子どももいます」

「五十前だよね？」

「はい」

「二人ともがんばってるんだ！」

お母さんは、九州出身だそうだ。小一時間話しているうちに寝息をたてていた。遅くなるといけないので、「じゃあね」と腰をあげた。

外に出ると小雨が落ちてきて静かな夜だった。

（二〇一九年聞き取り）

24.「僕らの世代には実感がありません」と東（仮名）さん

「年が若くなるほど同和地区という言葉や『あんたどこの子？』ということに出くわしてないんじゃないですか」と言ったのは、三三歳の東さん（男性）。

「歴史上の話でしか知らないことで、ぼくらの世代には実感がなかったし、関係ないと思っていました。まわりにそんなこと言う人もいなかった。高校時代の、大治《おおはる》（愛知県）や美和《みわ》（愛知県）、稲沢（愛知県）の友人と今でも交流があるけど誰も何にも言わなかったですよ。何となく感じてはいましたけど、漠然《ばくぜん》すぎて身近な問題じゃないって感じでした」

「でした」と言うにはわけがある。東さんには結婚しようと考えた女性の親に一緒になることを反対され、「ああそうか」とあらためて認識させられたことがあるからだ。その人とは五～六年つきあってピリオドを打つことになった。決定打は、彼女自身の閉鎖性だったという。彼女の家の同一敷地内に親せきの家があり、すべてにおいて〝古い〟家だったそうだ。長男だからどうのこうのとか、本家とか新家とか言っている家だったそうだが、東さん自身はその家ではじめてでくわした言葉だったという。彼女は大学を出て就活もしたそうだが、結局親のもとで家業を手伝って、おもいきりがなかった。彼女自身のすべてについて〝古い〟と思ったとか。

今名古屋市内で、あらたに生活を共にしている女性がいる。「九州出身の子で名古屋に働きに来た同世代の女性」だ。「九州の女性はやさしいが芯《しん》が強い」と言う。友人を通して知り合い、ほどなくして同居生活が始まったそうだ。新しいマンションの借主は東さん。彼女の借りていたマンションは引き払って、荷物全部彼の所に運んだ。

「九州の親ごさんは知ってるの？」

「はい、四年前の正月挨拶に行きました。お付き合いさせていただいてますっていう感じで行きました。すっごく緊張してたんですけど、むこうの親は『まあ、たのむわな仲良くしたってな』っていう感じで、両親、祖母、親せき、姉ちゃん夫婦、家族あげて歓待の酒をくみかわした。九州のおいしいものをいっぱい食べさせてもらって、ざっくばらんに正月三ケ日を過ごさせてもらったんで、やさしい、いい人たちだなあと感激して帰りましたよ」

「籍はどうするの？」

「いやあ、別に結婚しなくても…。事実婚ってことですかね。お互い別に深く考えてないです。まあ、まあ、（結婚は）いつかはって感じですかね」

東さんは、あごにヒゲをはやしている。童顔をかくすためだと言うが、見た目は夜の仕事をしているの？ と言われてしまいそうな彼。その容貌《ようぼう》には似ても似つかない生真面目《きまじめ》な東さん。これを書いている隣で「そんな、世間一般で言う真面目っていう方でもないですよ。やんちゃもやったし―」と笑って言った。その顔はやはり童《わらべ》だ。

（二〇一八年聞き取り）

25. 頑固一徹をつらぬき、静かに逝《い》ったまあちゃん

春の陽射しがガランとした居間に差し込んで、主のいない部屋はうんと明るくなった。明るくなったのは太陽をさえぎっていたカーテンが取り外され、カーペットも処分され、無垢《むく》の床が目に飛び込んでくるからだ。そこにあるのは数百枚にも及ぶだろうＤＶＤを収納した棚だ。天井にまで達している。一枚一枚を見ると、そこにはビッシリ小さな字が書いてあり、何が収録されているかがわかる。

何だろう―と目を凝《こ》らした。そこには、二〇一三年八月十二日に放映された映画「嵐を呼ぶ男」からはじまって、毎週収録。時にはプロ野球だったり、オリンピック競技の一部始終だったり。最後は、二〇一九年十一月二一日（木）「ヒッチコック」で終わっている。頑ななほどの几帳面《きちょうめん》さだ。

定年退職してからしばらくは外出もしていたが、いつのまにか外にも出ず、日がな一日座椅子に座っていた。一人暮らしの高齢男性、その生活ぶりや部屋の様子は想像に難くない。

まあちゃんこと正行は、名古屋市西区の県立高校に進学し東京の大学を受験したが失敗、町工場に就職した。―が、理由は定かではないが数年でやめてしまい、以来およそ十年、今でいうところのパラサイト（他者に依存して生きている若者）をやった。早逝した父親のかわりは二十歳になったばかりの身には重荷だったのか、隠遁《いんとん》生活を続けた。その後周囲の強い〝働け〟という要請で公務員になった。入所施設の営繕《えいぜん》係などをやっていたようだが、もとよりガンコな性格、営繕も自分流をまげない仕事ぶりだったにちがいない。ただ、施設の行事などは積極的に参加していたようで、ゆかた姿でうれしそうにうちわを持って写真におさまっているフォトフレームを飾っていた。

若い頃のことは知らないので夫の言葉を借りれば、「兄とは五歳違いで、小さい頃は一緒に野球をしたり、勉強を教えてもらったりした。私が高校時代に政治活動に参加したら、母と一緒に猛反対した。しかし、そんなに時間が経過しない内に、当時開かれていた名古屋市守山区の『人民大学』の会場まで二人がオートバイに乗って休むことなく出席するようになった。毎月の勤労者音楽協議会（労音）のコンサートには欠かさず出かけて行った。いろいろな活動を行い、地域をよくする運動の担い手であった。だが、その後多くの人が参画し出すと人間関係が上手くいかず、孤立化を深めていった。

一生独身であったが、少なくともこの頑固者でもほかっておけないと思う女性が二人はいた。しかし、能動性を発揮することはなかった。末の弟は『まあちゃんは一生頑固を貫くことができたのが幸福だったのかもしれない』と言った。他の目から見ると寂しい人生のように映るが、弟が言うように『自分の好きなことをした人生だった』のだから、良いと考えても案外的外れでもないように思えた」と。

人とのつながりを極端に嫌っていたようにみえても、そこは人間、社会的動物だ。人権連の旗開きや県交渉に誘うと二つ返事で「ん！」と言う。了解という返事だ。会場では人と話をしたり、うれしそうに笑顔を見せていた。

母親が一〇〇歳でなくなってから、増々頑固になった。三〜四年ぐらい前から髪の毛も髭《ひげ》も伸び放題。杖をついて立つと「仙人」だ。風貌《ふうぼう》も手伝ってますます内にこもるようになり、外に出るのはタクシーに乗ってコンビニに行ってATMでお金をおろすか、食料品や雑貨を買いに行くぐらいだけになっていた。自転車も一番小さいのに買い替えたがそれをこぐ力がなくなり、かのコベンツ（自転車）もほこりをかぶるようになっていた。

夏からいっきに冬になり、大めしぐらいだったまあちゃんが一日一食になり「おう」とか「ん」とか返事をしていたが、それもおっくうになったのか、うなずくぐらいになっていた。病院をすすめたが返事もせず、むしろ拒絶して二〇一九年十二月の夜、寝たまま逝《い》ってしまった。

最後の最後まで、DVDに字を書いていたコタツの上にはボールペンとメモ帳が無造作《むぞうさ》におかれていた。

（二〇一九年聞き取り）

六　地区外居住者・研究者・部落問題研究会

26．木の実ナナばりの肝っ玉母さん、和代子さん

二〇一三年三月十日、映画「フタバから遠く離れて（第一部）」をわが町で上映した。その二年前、東日本大震災がおきた時に福島第一原子力発電所が爆発し、突如遠くにある埼玉県の廃校へ全町避難を余儀なくされた福島県双葉町民のドキュメンタリー映画である。

その時、「うちのオヤジはよう、双葉の出身なんだわ。知った人が出るかもしれんで見に行きゃあと言っとるんだわ、なんにも言いへん男だでよう」と強烈な尾張弁で言った人がある。彼女（和代子さん）とは上の子が二〜三歳ぐらいの時からのつきあいで、その子がもう四七歳になるというので四十年以上のつきあいになる。

オヤジと二人で中華料理店をきりもりしていて、夜になると子どもが一人っきり二階で遊んでいて心配なんだわねと保母仲間が教えてくれ、店にたずねて行ってからつきあいがはじまった。何のこと

はない一人ではなかった。下の子もいたのだ。カウンターが八席、テーブル席が二つの狭い狭い店。湯気がもうもうとたち、油がブツブツとフライパンの中で音をたてていた。その周りを子どもが歩き母のエプロンのスソをにぎる。そんな夜の環境がいいわけがない。危険と隣りあわせ！と保母は心配したが、子どもたちは平気で大きくなっていった。

今回あらためて話を聞いた。和代子さんは御器所《ごきそ》（名古屋市）生まれの御器所育ちとばかり思っていたが、あっさり否定。中川区（名古屋市）で日通に勤める父と一宮市（愛知県）出身の義理の母のもとで妹たちと育った。生みの母は近くに住んでいたようだが、どんな人か知らなかった。が、ハタチの時一度だけ逢った。

「中学校を出てすぐ働いた。飲んだこともないコカ・コーラの会社だ。そこに双葉（福島県）から出てきたオヤジがいた。無口でぶっきらぼうな男だったけど、毎日オレんとこに通ってきてよ、ほだされたんだ」と言う。二人で調理師の免許をとって福盛飯店を開いた。腕のいいオヤジときっぷのいい母ちゃんの夫婦飯店は繁盛した。名前がいい。福を盛るメシ屋―。店はいつも労働者であふれていた。

「オヤジはよ、自分が幸せならそれで満腹なんだわ。ちょこっとまとまった金がたまると新しい仕事に手を出してどこかに行って、また舞い戻って来て今の姿…。脳梗塞《のうこうそく》からくる高次脳機能障害だってさ。子どもみたいにおとなしくなったわ」

「今、オレの福はよ―、ひ孫の成人式の時の晴れ着を作って着せたることだわ。孫にも娘にもオレの腕一つで作ってやったでよ」

「孫やひ孫は親の責任だで、ばあちゃんがそこまでやらんでも…」

「娘も息子もあんたんとこ（地域）の方の人と結婚したんだよ。ムコも嫁もいい人なんだけど優しすぎるんだわ。ムコは子には優しく、かいがいしく面倒みてた。で孫は父ちゃんの方を選んだ。だけど結局倒れて、孫が役場にかけあって方面（委）員の世話になっとる。嫁は嫁でやっぱり優しすぎたんだわな。生活するってのは厳しいもんだで、やっぱりいかんかった。孫は嫁がひきとったけど、孫は孫だで同じようにやったらなかんと思っとる。嫁も息子もオヤジに似て無口で上手がないんだなあ。親も子も孫もシングルになったけど、いがみあっとるわけじゃなく、それぞれが気いかけあって生きとる」

「ワシはワシで美輪明宏のコンサートに行ったり、演劇鑑賞で芝居見に行ったりして、クヨクヨしとる暇《ひま》はないなッ。ひ孫？ ひ孫がハタチになる時はワシは八九歳になっとる。それまで頑張るぞ！」

そう言って自分でリフォームした着物の羽織をひるがえして、軽自動車に乗り込んで走り去っていった。

※後日談

孫やひ孫にまで年寄りがやる必要はないのでは？ という私に、「子や孫にやってあげれる幸せ、そこまで成長してくれたことへの喜び」と思えばいいんじゃないですか？ と言った人がいる。尾張

・名古屋の派手さだけで片付けてはいけないなと思った。年長者のまなざし、親の深い思い…。

（二〇一八年聞き取り）

27. ベテランヘルパーのさくらさん（仮名）

「今時そんなこと古くっさいです！」と言ってくれたのは四七歳のベテランヘルパー。彼女が保育園に通っていた頃から知っており、当時高木（仮名）さんの社宅に住んでいて、さくらさんの親とは時々のあいさつだけでなく子どもの成長や町のあれこれについて立ち話をする間がらだ。妹が地域の建売住宅を買い、住むようになってからつとめて親しく話すようになった。ヘルパーとして物おじせず精力的に仕事をする個性的な彼女、くったくがない。今回も新聞の切り抜きを見せたら、冒頭の「そんなこと古くさいです！」と言って話に応じてくれた。

母親は、高木商店主の「妻」と従姉妹《いとこ》とのこと。淡路島出身で、その従姉妹がいる名古屋に働きにきていて、そこで働く男性と結婚し甚目寺に住んだ。

「だからね、もともとは関係ないんだわ」

「でも、今は知っているでしょ？ あなたはどう？ 妹さんもうちの方に住んでいるし…。あなたのお父さんが勤めていた靴屋さんには、うちの義姉（夫の姉）の夫の弟が勤めていたのよ」

「義兄の実家は甚目寺の観音様近くにあって、そこの長男が義姉と結婚して妻の方に住みついたので、次男が跡取りになったのよ」

「へーそうだったの…。世間は狭いね。甚目寺中学校の時に友だちから、あんたは何小？ と聞かれ東小よと言ったら、えーこわーと言われた。今こわいのはしゅうとめよ。しゅうとめさんは、農家出身じゃない嫁は気にいらんのだって」と言ってアッハッハと笑いとばしたさくらさん。

高木商店には二人娘がおり、いずれも医者と結婚している。「医者ってむつかしいんじゃない？」と聞くと、大恋愛の末の結婚よ。未だにつきあいのない夫婦もいれば「公認」の夫婦もいると。

豊川（愛知県）出身の父親からは、「〝あそこの人と遊ぶな〟という人もいるけど、そんなこと言うんじゃないぞ」と言われて育ったそうだ。偏見はない。垣根は低くなった。


（二〇一七年聞き取り）

28．まったく知らずに育った同窓の中野（仮名）さん―今でも意識はない―

ずいぶん前に、子どもの頃ランプのホヤを研いていたし藁《わら》草履をはいていたと話してくれたのは私より三つ年下の中野さん（女性）。公立保育園の保母をし定年まで勤め上げた。

退職後、あちらが痛いこちらが痛いと医者に行ったり、マッサージに通ったりと、十五歳から働き積もり積もったガタが今ここにきていっきに押し寄せてきたようだ。その中野さん、自分はまったく知らなかったようだが、同郷で同姓の女性の子どもが大台町（三重県）の町会議員選挙に出ることになり、その生い立ちが雑誌に載り結婚に際して反対にあったが二人で乗り越え意志を貫いたという一文を読んで自分も部落出身であることを知ることとなった。

中野さんの育った所は、三重県度会郡の山間僻地。なるほど、電気が通ったのがずいぶん遅かったのはうなずける。子どもの頃は山の中に入ってイタドリを採ったり、アケビをほおばったり、海岸まで一時間ぐらい歩いて行って貝を採って、おかずにしたりと自然児だ。

今回あらためて話を聞いた。生まれ育った所は、六十軒ばかりの小さな集落の中での二十軒ぐらいの地域。全体が貧しく自分の家だけが貧しいと思ったことはなかったし、リアカーで引き売りをして生計をたてていた母親が自分のもんぺをつぶして子どもたちのもんぺにしてくれた。小学校でのスリッパは市販のものではなく親の作ってくれた藁草履が、他の人と一緒でないことにむしろ優越感を覚えた。学校に行ってもいじめられたこともないし、差別されたこともない。（部落のことは）親も言わなかったので、まったく知らずに育った。兄や姉も知らないいんじゃないかなあと、今さらこんなことなんで言うの？　といぶかしがった。

中学校を出て四日市（三重県）の紡績工場で働き、高校に行った。その後、愛知に来て夜学に通い保母となった。労働者人生は実に四五年。知った今も知らなかったこれまでも、暮らしぶりにかわりはない。頑固なぐらい堅実で、薬もめったに飲んだことのない超自然児だ。それはそれでいい。

腰をあげかけた私に「そこが部落であるかどうかに関わらず、自分はどういうふうに生きるかが大事。差別されたからといって、いつまでもこだわらずに生きることだわね」と声をかけた。同じ市に住むお兄さんを訪ねることの許可をえて、帰路についた。「兄は母と一緒の性格をしとるで、きっぱり関係ないで話すことはない！　とつっぱねると思うよ」とも言った。あえて教える必要はないか。

その兄、昭和二三年生まれ。つっぱねるどころか、むしろ饒舌《じょうぜつ》であった。小一時間話した。

母は奈良県出身。最初は紀伊長島（三重県）で所帯を持ったが、女の子二人を残して夫は戦死。いわゆる戦争未亡人となり、三重県の人と再婚した。中野さんたちの父である。父は山を持った人から仕事を請け負い、炭を焼いたり芝刈りをやったり山の手入れをして生計をたてていた。地域の人で百姓はいなかった。おかゆにさつまいもを入れ、量を増やして食べたが、しゃびしゃびですぐ腹が減ってたまらんかった。せりを採ってゆでてミソをつけて食べたり、イタドリも食べた。小さい頃は配給だったなあとも。戦後も配給はあったのか—？

小学校三年～四年生の頃、国道ができ電気が通った。それまではローソクだった。ん？ ん？ ランプ以前はローソクだったのかあ。藁草履はいて学校に通ったよ。村全体が貧しく、そこが部落だったことは聞いたこともなく、そういう言葉に出会ったこともないとその兄は言う。

中学校卒業と同時に大阪に出て働いた。「月給八〇〇〇円だった。八〇〇〇円で何ができる？」と兄は言う。「私は初任給一七〇〇〇円だったよ。配給は知らん！」と私。そこが部落だったかどうか、大台町の町会議員の人に聞いてみよう。かつては、全解連婦人部の役員をやっていた人だ。私より少し若い人で、一緒にやっていた時期もある。今も議員をやっているだろうか。

四人とも団塊世代。おしんでなく、ひよっ子の世代だ。

（二〇一八年聞き取り）

29. 本名で生きる李さん

その人（女性）は、親に連れられて九歳の時日本に来たと言う。強制連行ではなく、新天地に働き口を求めてのことだと言う。多くを語らないので、日本での生活がどうだったかは定かではないが、以前、雑誌『部落』（一九九七年十一月号）に地域のことを書いた折、支部婦人部で開催した「お袋の味伝授します」という料理教室で彼女にキムチ作りの先生をしてもらったこと、全解連や年金者組合支部の旅行や催しに参加し、両方の役員をやってくれるようになったということを書いた。

当時六十歳代半ばだったが、日本の学校に行ったことはないので、字の読み書きはできないと言っていた。その彼女、カラオケではむつかしい漢字もセリフもなんなく読みこなし、それはそれは上手に演歌を歌っていた。その彼女、「英語を話す嫁とは一緒に暮らせない」と言って二戸一住宅を出て一人暮らしをはじめて二十年、今や八六歳の高齢となり、カラオケを楽しむこともなくなった。

今回は、その人の息子さんに話を聞きに行った。二戸一住宅の表札には本名がかかげられている。二度の訪問では奥さんにしか会えず、簡単なメモ書きと携帯の電話番号を書いて渡しておいた。電話はいっこうに鳴らず、日曜日の遅い朝、三度目のベルを鳴らした。奥から出てきた李さんは「あがって下さい」と招き入れてくれた。彼は「これ（メモ書き）では意味がよくわからないんです」と言った。―確かに。

私はこれまでの新聞（県版）を見せながら、本名を名乗っていることやこれまでの生きてきた機微《きび》を聞きたいと話したところ、快く応じてくれた。聞くと兄弟は五人ではなく七人だった。六九歳の長女を頭に五一歳の末っ子、一男六女であった。末っ子の田中さんは結婚を機に日本国籍を取得したが、他は韓国籍だとのこと。本名を名乗っているのは彼一人で、女性はみんな日本名を使っている。姉妹が住んでいる所は、近くの大治町《おおはるちょう》（愛知県）から遠くは福島までの広範囲だ。

「本名を名乗っているのは、自らのアイデンティティですよね。お母さんからもそう聞いたことあります」という私の問いに「そうですね。子どもの頃この地域の中でもいじめや差別があったので、それをはね返すには堂々と本名を名乗る方がいいと思って。三十歳ぐらいの時結婚して、子どもが生まれるので子どものためにも本名にしました。当時、韓流ブームがあってスムーズに受け入れられました。昔は差別がひどかったけど、今の若い人たちは関係なく交流していると思いますよ。大学四年生になる長男は今就職活動まっただ中で、長女は専門学校に通っていて、キャビンアテンダント（客室乗務員）をめざしています。妻の出身国（フィリピン）に留学していたので英語が得意なんですよ。妻？　妻はフィリピン出身で大学も出ています」

「今、ヘイトがひどいですよね」

「ヘイトは、一部の人が過激なだけで普通に暮らしている人たちは言わないですよ。いちばん下の妹ですか？　妹はイヤな思いもしたのではないですか。だから結婚する時日本国籍に…」

雑誌『部落』にも書いたが、私が結婚して三年ぐらいたった頃のこと、「私にはじめて親しく声をかけて、色んなことに誘ってくれたのは真理さんなんよ」と言ってくれた。私よりもずいぶん早くから住みついていたお母さんの言葉は、意味が深い。とっかかりは、彼女が「私たちは二戸一住宅に入れないんでしょうか？」と私に声をかけ、「いいえ、小集落事業で自分の家が買収された人は二戸一住宅に入れるんですよ」と答えたことだ。四十年も前のことだから、末の子は中学校の制服姿だった。その彼女とも最近再び会って「お姉さんやお兄さん、あなたにもお話聞きたいんですが」と声をかけたら「いいですよ。兄も話してくれるんじゃないですか」と返ってきた。で、兄弟の内の最初に李さんとの話となった。

（二〇一九年聞き取り）

30.「地活」で学んだ部落問題

「やっぱりやめにしてほしい―」とにわかの電話。印刷にまわすばかりになっている原稿のことだ。自分とわかるとやらしいなあという青木さん（男性）。年齢も〇〇代、住んだ年数も半世紀とぼかしたが、〝地方訛《なまり》〟は方言としても、うんと悩んだようだ。「わかりました」とあっさり引き下がる。とはいえ、このところ忙しく、原稿のストックがなかったので、半年前に車の中でチラッと聞き書きとしておいたメモを探し出し、再度伊藤さんに聞き直して急ぎの原稿にした。十月二六日のことである。

※

伊藤さんを知ったのは、三十歳代後半の時。三好達治の孫にあたるという男性からの紹介である。日本福祉大学二部の同級生、学生部落研でともに学んだ仲だったそうだ。

「大学で部落研をやったのはなぜ？」

「子どもの頃は何となく耳にしていたけど、詳しくは知らなかった―」と小一時間話してくれた。

「小学校五～六年生の先生に身分制度のことを習って、その時先生から〝あんたたちも知っていた方がいい〟と教えてもらったの。世の中のことを正確に伝えないかんとの思い、よく自分で考えなさいという先生だった。ホームルームで教えてくれた。子ども心に、内緒の授業と思って神妙な面持ちで聞いた。先日その先生を囲んでの同窓会があった折、友だちにその授業のことを聞いてみたら、まったく覚えていなかったそうだ。人望のあつい先生で、地域のためには力を尽くす先生。六年生の合宿の時には、リアルな戦争の映画も見せてくれたこと、白黒映画で泣けて泣けてしかたがなかった―『きけわだつみの声』だったかも―。今度同窓会であったら授業のこと聞いてみよう」と伊藤さんは言った。

その後、高校は員弁《いなべ》高校（三重県立）に行ったので生徒は色々な所から来ていて、よく耳にしたそうだ。

「卒業して日本福祉大学二部学生になり、学生部落研に入った。部落研では歴史などを机上で学んだけど一番好きだったのは地活と言っていた地域活動で、名古屋市や甚目寺に入って地域から学んだわ。『ケイちゃん』といううどん屋も覚えているし、（丹波）正史さんも知ってたよ。今こうやって再び知り合いになるとは奇遇《きぐう》ね。晴ちゃん（達治の孫）がひきあわせてくれたのね。卒業して病院のワーカーをした時は当然かかわることになったけど、中学校の時の同級生が保育士になって『解放保育』をさせられて、なんでわざわざこんなこと言わせせならんの。三歳、四歳の子に「部落民宣言」させてどうなるの？　と矛盾を感じてたと話してたよ。四日市（三重県）に近い所の保育所で、地域全体が貧困問題、部落問題があわさって表れていた所だったそうだが、二十歳そこそこでどうしていいかわからなかったみたい。私は若さゆえの正義感から、よく患者さんと暮らしぶりのことなんかで言い争っていたけど上司がとりもってくれてた。びっくりしたんじゃないのかな。

声がかかった時には、ちょうど仕事はやめていた。そろそろ仕事しようかな―と思ってた時、晴ちゃんから電話が入って〝名古屋に来ないか〟と。で、今があるの」

「パートからはじまって正職になり、今や管理職！」

「パートで育休とって、育児休業手当ての申請に職安に行ったら、職安の職員もパートの人が申請できるって知らなかった。調べてもらってOKで〝なかなかここまでやってくれる所はないよ。いい職場にいるね。やめてかんよ〟と言われた。十四年になるけど、あっという間の十四年。今度は若い人のために頑張るね」

心やさしい伊藤さんだ。肝っ玉母さん？　いいえ、体に似せん、小さい声でささやくように話す職業婦人だ。

（二〇一八年聞き取り）

31.「部落問題は解消にむかっていることを事実で明らかに」と先生

ひさしぶりに岐阜の木戸季市先生に逢った。三河（愛知県）で行なわれた日本原水爆被害者団体協議会（日本被団協）東海北陸ブロック相談事業講習会の会場でのこと。今は日本被団協の事務局長として「ふたたび被爆者をつくらない」ために「原爆被害への国家補償と核兵器廃絶」を求め、運動に心を砕き力を傾注して世界を股にかけての活躍だ。

木戸先生との出逢いは、まだ東外堀町（名古屋市）に県連事務所があった時のことで、三重県の丸林先生と二人でひょこっと顔を出されたのがはじまり。つき合いは四五年以上にもなる。当時、八鹿高校事件（一九七四年十一月二二日、高校解放研結成の可否をめぐって、部落解放同盟丸尾派が、糾弾と称して多くの八鹿高校教師に対して集団暴行を加えた兵庫県の事件）が起き、暴力でもって人を屈服させるやり方や、不公正な同和行政、人権教育のあり方を正していこうという取り組みが全国に広がっていた。

岐阜県では、北原泰作さんを中心にして学習会がはじめられた。さらに、学習するだけでなく、暴力と利権あさりに対抗した団体を作る必要があるということで、「自民党、共産党、労働組合をはじめとして、平和委員会の早田さん、新婦人の荒川さん、全日自労の井川さん、学者で岐阜大学の玉井さん、宗教家の小笠原さん、弁護士の江口さん、部落代表として民同教の鈴木さんが一同に会して一九七五年五月、『人権と民主主義を守り正しい同和運動をすすめる岐阜県民連絡会議』を作った。これは運動団体ではなく、学習・啓発をする団体で、毎年県民集会をやり、議題があってもなくても月一回の事務局会議をやった」「この県民会議は北原さんという個人の業績によるところが大きいが、自分も人間的つながりで一九七七年に入った。四十年後に解散するまで三人の事務局長がいて、初代が北原さんのおいの岩見さん、二代目が民同教の鈴木さん、そして自分とやった。解散の記念集会には、成澤さん、丹波さん、新井さん、尾川さん、奥山さんに来てもらった」「国民融合全国会議が一九七五年九月に結成され、一九七七年に全国の部落実態調査をやった。部落問題が解決にむかっているのか拡大しているのかを明らかにする実態調査で、岐阜は美濃を桑原さん、養老を自分が中心になってやった。一～二週間毎日行って聞き取り調査をやった。この調査結果を〝今、部落は〟という冊子にまとめた。部落差別は解消にむかっていることを事実で明らかにした」と朝食のご飯をほおばりながら先生はいっきに言葉を続けた。

「先生と部落問題との出逢いは、北原さんがきっかけなんですね。北原さんが丹波正史ともひきあわせてくれた―」

「北原さんはね、よく、部落の者も社会的役割りをはたさにゃいかんと言っていたので、正史さんが地方議員になった時は非常に喜んで祝電も打ったと思うよ」

「一九九一年に被爆者運動に参加したんで、学校と部落問題と被爆者運動にしぼって、その他のことは役をおりた。もう三十年近くなるなあ」としみじみ話してくれた。昔のことを年月日や人の名前まで実によく覚えていて、つい昨日のように話す先生は実にうれしそうだった。

窓からの朝日がまぶしく差し込み静かな朝だった。

（二〇一九年聞き取り）

32. 年代別に見た他地域への移動・転出

団塊世代（七十歳）の居住地調査（二〇一七年）

二〇一七年十月下旬秋祭りが行なわれた。地域の中で子どもの数が少なくなり、お獅子を冠って各戸口を厄《やく》落としに廻り歩く姿は三〜五人とその親たち。昔は長い綱の最後の方にもとまれず、親に抱かれた幼児も法被《はっぴ》を着て廻ったものだが、今は少なくなった。他《ほか》から来た若い人たちには馴染みがな

表１　団塊世代の居住地調査

	人数	旧同和地域に居住	他地域に転出
男	32 （－2）	15 （50％）	15 （50％）
女	29	10 （34.5％）	19 （65.5％）
計	61 （－2）	25 （42.4％）	34 （57.6％）

表２　45歳の居住地調査

	人数	旧同和地域に居住	他地域に転出
男	19	7 （36.8％）	12 （63.2％）
女	19	3 （15.8％）	16 （84.2％）
計	38	10 （26.3％）	28 （73.7％）

いのだろう。

今、七十歳になる人の同級生は、地域で六一人いたそうだ。四十歳代では一五～一六人、三十歳代では十人足らずと激減している。祭りを担う世代が減少しているのは、他地域への移動・転出が考えられる。

興味深い数字がある。団塊世代（七十歳）の居住地調査（表1）である。この表1を見ると、半数以上の人が他地域へ転出している。女性の方が多いのも興味深いが、地域で話を聞くにつけ、他地域からの結婚による転入が多いことからもうなずける。転出した人たちからも可能な限り聞き取りをしてみたいし、年代別に転出の割合の調査もしていきたいと思っている。

四五歳の居住地調査（二〇一八年）

二〇一八年に四五歳になる人の居住地調査は、表2のとおりである。七十歳代では六十％近くが他地区へ転出していたが、四十歳代半ばでは七五％弱が他地区への転出である。その中で、親も他地区へ居を求めて転出したのは七世帯である。表2を見てもわかるように、高校・大学に進学するときに町外・県外の学校へ行った人たちは、その所で就職したり居を構えている。また、七十歳代と同様、女性の転出が多いが、四十歳代では男性も多くなっているのは、自由な交流、結婚、転出が広がっていると見ていいのではないだろうか。

33. 土地価格は低いか、買い手もないのか─否。建て売り住宅で実証

ここ三年～四年の間に、地域の中に建て売り住宅がいっきに増えた。古くは長谷川さんたちが買い求めた（一八〇〇万円）五軒（五五頁）。ちょっと前は、人権ふれあいセンター西側の五軒。ここは、一九九〇万円ほどで売り出された。

最近、にわかに建設ブームが沸き上がって、あちこち田圃《たんぼ》を埋めたてたり、古い借家をこわしたりして新しい家が建ち、売り出されている。地域にも、その波は来た。今回は土地の価格を比較し、地域の中の土地がべらぼうに低いのかどうかを立証したい。（表3）

幹線道路を少し入った所の土地一五〇坪に二軒の家が建った。次に、幹線道路に面した空き地一〇〇坪に二軒の家が建った。ここは、二三八〇万～二二八〇万で売り出された。その次に、墓地近くのアパート二棟をこわし、隣の民家も買収して六軒の家が建った。そこは、二〇八〇万～二五八〇万で売り出された。いずれも大手不動産業者が手がけ、すぐに売れた。最初に建った二軒の内一軒を購入したのは地域の若者世帯で、他はすべて他から来た人たちだ。車を見ると三河ナンバー、尾張小牧ナンバーと広範囲に及んでいる。北にも二軒の家が建ったが、そこもすぐ売れた。敷地前に家の価格表が掲示されていたが、ほとんどかわらない価格だった。他地区の人が購入したとのこと。人権ふれあいセンター近くの二軒は地域の若者世帯、他の三軒は他地区からの人が購入した。ここは、税金を物納したところを業者が入札で買った土地だが、地形が台形だったり三角形だったりと変形であったこ

表３　土地価格の比較表

地区内		①50坪　2,380万	③44坪　2,580万
		②55坪　2,180万	④53坪　2,280万
地区外	隣接	①54坪　2,680万	④51坪　2,680万
		②53坪　2,680万	⑤64坪　2,180万
		③49坪　2,080万	⑥58坪　2,380万
	2km・西	①40坪　2,490万	②40坪　2,390万

と、都市計画道路建設の計画にすっぽり入っていた所なので、売値が安かったのではないかと思われる。

　地域の中の家の価格だけで低いか高いかを論ずることはできないので、二〇一八年に隣接する地域で、アパート二棟とその持ち主の本宅をこわしていっきに九軒の家が建てられ売りに出されたので、そこの家の価格を見てみた。土地は四五坪ぐらいから六一坪ぐらいまでで、家は二〇八〇万～二六八〇万と出ていた。ここもすぐ完売した。広大な土地なので、手前一軒の隣二軒は長い引き込み道路がとられた旗竿《はたざお》地で、そのぶん価格差があるが、車三台がゆうに駐車できるのと、引き込み道路を家庭菜園にしたり、庭にパラソルを立てて三世代の生活を謳歌《おうか》していることが伺える。

　今回「名鉄七宝駅徒歩八分」の所の広告も手に入れた。そこはまだ土地の測量中だが、四十坪の土地、四ＬＤＫで二四九〇万～と出ていた。

建て売り住宅の価格差は、地形や接続道路の広さにもよるだろうし、近くにどんな公共施設があるかによっても差が出てくるだろうと考えられる。だが、あま市全域を見ても大差はない。また、インターネットで検索《けんさく》できる時代なので、広範囲の地域から購入する人が訪れる。地区だとて例外ではない。建て売り住宅の一角に一〇〇坪の空き地が売りに出された。なかなか買い手がなかったが、売れた。自宅を建てられた人の表札を見ると明らかに他地域の人だ。平屋でゆったり建てられた家の前には、五台の車が止められている。

いずれの人たちともまだ言葉を交わしたこともないが、これまで地域の人たちとくまなく言葉を交わし人生のいろいろを取材できる信頼関係を築いてきて四五年になる。新しい人たちとこれから四五年間交流することは、いくら限界年齢一二〇歳だから十分な時間はあるじゃないかと言われても、それはとうてい無理だ。

これまで支部で、産地直送（産直）のとりくみや、バザーや料理教室、親子キャンプなどをやって、内外の垣根をとっぱらう運動をやってきたが、また心と体をふるいたたせて地域運動をやっていこう。

今、若い人たちには壁はない。


（二〇一九年記）

七　かつて地区内居住だった地区外の人 ―今は地区外居住―

34. 団塊世代の人ら仕事を求めて

聞き取りをするために、かねてより頼んでいた人の所を訪ねようと思ったら、新型コロナ問題が広がってあちこちと歩き回れなくなった。それで、各々三十分ぐらいで話を切り上げようと三人のとこへ出向いた。いずれも、結婚と同時に地域に住むようになった人たちだ。

茨城県出身の佐野（仮名）さん（女性）。集団就職で岡崎（愛知県）の紡績会社に友だちと一緒に来たそうだが、その友だちが転職。紡績は重労働なので、自分も彼女をたよって移ったところ、友だちはさっさと職場恋愛、結婚をしてしまった。ひかれるように自分もそこで働いていた人と結婚を決めた。二人とも同じ地域の人だった。「二十歳になるかならないかの時にここに来たんだわ」と言った。「来たらすぐ堤防の所にみんなで一時間か二時間で家を建ててくれ、箸《はし》も茶碗も所帯道具一揃い、みんなにもらって生活がはじまったんでびっくりしたわ」と。「友だちは今どうしているの？」と聞くと、「慣れない土地での暮らしがつらいので、汽車賃を人に借りて故郷に帰っていった。自分も帰ろうかと思ったけど、汽車賃もないし、親は兄嫁の世話になっとるし、茨城の田舎は仕事もないし――で出ていかんかった」「（夫は）無口な人でね、家にいたことのない人だった。息子たちも無口だけど、仕事も一生懸命やるし、ええ子だよ」

八十歳近くになる佐野さん。「もう六十年にもなるけど、地区のことはどこに誰が住んでいるかようわからん。仲良かったとうちゃんのいとこも早よ死んだしねえ。わしもいつまで生きれるかわからんけど、生きれるだけ生きるよ」――と。彼女は静かに笑った。

※

当時、そのアパート二棟は若い子育て夫婦がほとんどを占め、しかも同じような年格好の子どもが組んずほぐれつ、笑い、泣き、活気があった。私も子どもを通して知ることとなった人たちだ。

意を決して訪ねて行ったマンションに浜田（仮名）さん（女性）は昼間からいた。あら、めずらしくいる！と思った。それぐらい働きもので、家にいたことがない人だった。

「すぐ降りていくね」とインターホン越しの彼女。またたく間に現れた。

「めずらしく家にいるのね、仕事は？」

「二年前にやめたわ。年だもん。六八歳まで仕事しとったよ。今はダンナと毎日家にいる」

彼女の子どもと私の子どもは二人とも同い年だ。あらためて話を聞いた。九州の長崎、佐世保近くの出身で、やはり愛知の紡績工場に働きに来たそうだ。愛知では娘三人持てばしんしょ（身代の意）つぶすと言うが、九州は娘三人おれば蔵が立つと言われていた。それぐらい女性が一生懸命働いて親に仕送りするということだ。今では死語になっているかもしれない。その蔵を建ててくれるであろう彼女、故郷に帰った正月に新年会にさそわれ、同じ愛知に働きに出ていた一つ上の男性にめぐりあった。今でいう合コンだろうか――。同じ学校出身だったということもあって気が合い結婚した。

その頃、甚目寺の工場に勤めていたおじ夫婦から「こないか？」とさそわれ、当時建てられたばかりのアパートを借りた。墓の近くのアパートだ。「紡績会社に勤めていた時、『信号からむこうに行ってはいかんよ。〝こわい所〟だから』と言われ、何言っとるんだろうとわからんかったけどね、子どもが小さい時、寝かせて二人で出かけたらその後で泣き出したらしくて、帰ると近所の人が『なんでカギかけて出かけるのよ、あいていたら子ども見てあげたのに――』と言われた。それからカギかけないで出かけるようになったわ。人はいいし、自分の子みたいにかわいがってくれるし、こわいとこじゃないじゃないって思ったよ。でも、子どもが大きくなって、アパート二間では狭いんで、建って三年目の中古マンションを思いきって買った。バブルがはじけた時だったけど、二一〇〇万円して高かったわ。あの頃は隣に池田（仮名）さん、二階に佐藤（仮名）さんがいて三人とも九州出身よ。池田さんとこに行った？」「もちろん行ったよ」

※

同じ九州出身という池田（仮名）さん（女性）。福岡の炭鉱にいたが中学校一年生の時こちらに来たそうだ。聞けば浜田さんと同じ工場に親が勤めていて、自分も隣の工場で働いて職場結婚。工場の人に紹介してもらったアパートが、浜田さんと同じアパートだった。「隣町のはずれに住んでいた夫、甚目寺の南の方に住んでいる姉も（地区のことは）何も言わなかったし、職場には自転車で通えるしでよかったわ。住みやすくいいとこだった。子どもも三人、そこから高校や大学に通ったし、子ども会の役員もやったし、スポーツ推進委員もやらせてもらった。人はやさしく親切で住みやすかったよ。子どもも三人が大きくなって、アパートは無理かなと思って二三年目に中古住宅を買ったの。もうひっこして二六年になるわ。来年結婚五十年になるのよ。これから近くに住んどる孫が来るんだわ―」と話している時、おばあちゃんより背の高い孫が来た。それを機に池田さん宅を後にした。

原稿のゲラ刷りができた時、池田さんの息子さんが劇団に入っていて誘われて芝居を観に行ったことを思い出した。そこではエイサーも披露された。勉強ばかりしていた子どもだと思っていた彼が、青年になって芝居にめざめたのには驚いた。

池田さんに「まだやってる?」と聞いてみた。

「ううん、五～六年はやっていたけで、仕事が忙しくなったし、結婚したんでやめたよ」とのこと。

〝背の高い孫〟が彼の子どもだ。

あの頃はみんな若かった。

※

同じ頃甚目寺の紡績会社に勤めていた吉川(仮名)さん(女性)を知っていたので、話を聞いた。

「吉川さんが勤めていたのは何年ごろ?」

「昭和五二年から三年間よ。下の子が三歳になって保育園に行くようになってから―」

「で、信号から東は〝こわいとこ〟だよという話、聞いたことある?」

「ううん、ないよ。私が働いていたとこは診療所で、看護師の私一人だったの。週に三回、近くの病院から医者が来て診察したの。私は、体温や血圧、脈拍を測ったり、様子見たりして。急を要する人は、病院に一緒に行ってみてもらったりしてた」

「じゃあ、彼女たちとは重なりはない？」

「私がいた時は中村（仮名）さん（女性）がいたよ。九州の子どもが多かったけど、当時は村に会社の駐在員が常駐していて働く子どもを募ってたの。東北は福島の子が多かった。北海道から来てた人もいたわ。若い子ばっかりなので、仕事が終わったら診療所に来てはグチを言ったり、ダベリングしてた。二交代制なので、稲沢（愛知県）の定時制高校や一宮（愛知県）の女子短大に行く子もいたよ。会社からバスが出てた」

紡績がさかんな頃の話だ。「十五歳で働いて、高校に行って短大に行って…。みんなと一緒だったし、若いからやれたのよね」と語ってくれた人がいる。

〝金の卵〟と言われた団塊世代だ。何もない時代、自分たちで遊び道具や勉強の道具を工夫して作って使っていた。

「今不足しているマスクもガーゼも自分で作ってたよね」

「うんうん。私も自分で作ってたよ」吉川さんも九州熊本の出身だ。

部落問題は、結婚を含めた社会的交流や、日常生活においての歴史的後進性を克服する営みなどを通じて解決していくものだ。一九六〇～一九七〇年代、浜田さんや池田さんのように地方の青年たちが働き口を求め都会に出てきた。そのごまんといた彼らが、意識するしないにかかわらず解決の担い手になってきた。

六〇〇世帯以上もある大型部落。固定的・慣習的な生活習慣も、他から来た人たちの生活習慣を見るにつけ、体験するにつけ、暮らしぶりのまずしさに気づかせてくれた。

高度経済成長は地域の若者たちに労働の変化、生活の変化をもたらした。労働者としての資質、生活スタイルは、若くたくましい人たちが差異をものともせず生活していく中でお互いに身につけてきた。地域で運動をしてきた者はその変化にしたがって、目的意識的に正しい方向性を示しながら共に生きてきたにすぎない。

彼女たちが住んだアパートは老朽化し、取り壊され新しく建て売り住宅が建った。それを買い求めて来た他地域からの人たちが、新たな根を張ってくれるだろう。

（二〇二〇年聞き取り）

八　元の支部役員―部落問題解決に貢献した人たち―

連載にあたって「生きとる人ばっか書かんと亡くなった人で、みっつぁんや末さのような立派に生きた人がおるんだで、そういう人も書かなあかんわ」という助言があり、記憶をひもといてつづってみることにした。

35. つつましく、実直に生きたみっつぁん

二間《ふたま》とお勝手場しかない借家に住んでいた光秋さん（男性）。路地を奥まで進むと弘法大使の碑に出くわした。そこに住まいがあった。南側の陽のあたる所でつくろい物をしていたが、近くに住んでいた人に聞いたら、つくろいものではなく背広の仕立ての仕事をしていたのだそうだ。その縁側ともいえない縁に座らせてもらってよく話をした。

ある時、みっつぁんが野菜をきざんでいた。見るとキャベツの芯《しん》だった。私は芯は切って捨てていたが、みっつぁんはうすく切ってきざんでいた。そのことに驚いて言うと、シベリアに抑留《よくりゅう》されていたこと、キャベツの芯はいいほうで、何も入っていない汁とカチカチのパンだけだったことを経験したので食生活は「こんでええ、こんでええ」と言っていた。抑留中のことは多くを語らなかった。

全解連時代、欠かさず集会や大会に出てくれたし、会費も集めてくれた。戦争中のことと同様、多くを語らず人の話に耳を傾け、「うん、うん」とうなずいていたみっつぁん。晩年、名古屋の娘さんの所に身を寄せてから疎遠になってしまった。

※

原稿を書きながら「弘法大師の碑」のことを聞き歩いたが、小集落事業で周辺の取り壊しが行われたため人の記憶がうすれていた。

弘法さまを信仰し、毎年知多の八八カ所巡礼に行っている人に聞いてみた。

「ああ、あれはシムラさんとこだわ。弘法さまの日にお菓子などをふるまったりしとった『宿』だった。

そこにあったよ」

「滋賀県から来たってきいてたけど、新しく建てたんですね」

「そうだないか」

そうすると碑だったのか石柱だったのか？ シムラさんの縁者もいなくなり、聞くすべもなくなった。

36. 器用貧乏の末さ

「だんごや」と愛称で呼ばれていた末さ（男性）も、戦争に行って帰ってきた人だ。野砲兵として中国の方に行っていて、「八路軍はすごかった」とよく言っていたそうだ。甚目寺で「平和のための戦争展」をやった時、末さの軍隊手帳や大砲が火をふいている写真を借りたことがあった。末さも戦争のことは語らなかった。

部落解放運動ではおおいに語ってくれ、運動の方向を示してくれた。末さは学校に行ってなかったので読み書きは不自由だったが、実践にもとづいて正しい方向を示してくれた。

かつて甚目寺町に公立保育園がなかった時、一人で署名を一二〇〇人分集め住民の声として公立保育園を実現させた。その後町会議員になったが、読み書きが不自由だったこともあって、議会では苦労したようだ。一期のみの議員活動であったが、革新の火を灯したことはまちがいない。議員をやってもいばるわけでもなく人の意見に耳を傾け、要所要所では経験にもとづいて若者に語り助言してくれたが、日常生活はすごく慎《つつ》ましやかだった。

「だんごや」は、みたらしだんごを作って売って生計をたてていたのでそう呼ばれるようになったのだが、他に魚屋をやったり、義兄（丹波正史の父）がやっていた会社で車のタイヤを加工してゴム草履を作る仕事などをしていたが、「あれは器用貧乏だな」と人に言わしめるほど倹《つま》しい生活だった。が、必要な時は「これを使え」とポンとカンパも出してくれた。こういったつつましいくらしは、おいたちからくるものだろう。極貧の中で事実上姉のたまに養育され、自分自身もさまざまなことをやって暮らしを立ててきた。子どもも一家の働き手であったのだ。

何でもやれる器用さはこのことからもうかがえるが、生涯慎ましく生きた末次郎さんは県連副委員長までつとめてくれた。

37. 支部の専従として力を注いだ進さん、幸一さん

最初に支部の専従になったのは幸一さん（男性）だ。書く字は見事なほど整っていて、県版（当時は「解放の道」）作りをしていたのが幸一さん。最初は手書きだった。そのうちワープロ打ちになり、印刷屋に出すようになったのでお役御免となったが、几帳面《きちょうめん》な字が寸分違わず並んでいてプロ並みだった。自らかって出た専従の仕事。会員名簿づくりから会費の記帳まできれいに整っていた。そのぶん堅物で大きな岩のごとく、いったん自分で決めるとテコでも動かなかった。

やはり幸一さんも軍隊に行き、「書記」の仕事をしていたと語っていた。末さの軍隊手帳（抜粋）

を見ると、二月十六日名古屋出発、二月二一日呉淞沖通過、二月二七漢口着、三月四日慶山着同地警備…十月二三日至十一月六日京漢線東側地区討伐作戦ニ参加、十一月十日至十二月十日漢水作戦ニ参加…とある。小さい字でびっしり書いてあるので、そういった「書記」の任務にあたっていたのかもしれない。今となっては資料も残っておらず知る人もいない。もっと聞いておけばよかった。

幸一さんは、県交渉の時も要請行動の時もどっしり構えて、要所要所でギュッと押し込む器量を持っていた。普段無口なだけに重みがあった。

反対に、腰が軽く地域の中を朝早くからくまなく走りまわっていたのが進さん（男性）だ。同じ頃支部事務所にいた。

新聞を届ける、集会や大会の人を集める、地域の人との会話するとそれはそれはよく回っていた。えっ、こんなに早くよその家を訪ねていいの？ と思うぐらいの時間帯から動いていて地域のことをよく知っていた。同じ地域で生まれ育ってきた人たちだから、誰が朝に何をやっているかどこへ行っているかなど人々のライフスタイルをよく知っていたのだろう。一宮（愛知県）から来た幸一さんとはいいコンビで、住民の人から声がかかって相談にのるのが進さん、書類づくりから行政への折衝《せっしょう》は幸一さんと役割分担して力を発揮した。

忘れられないエピソードがある。県連大会などで支部の発言をするのは主に幸一さんだったが、ある時進さんに白羽の矢があたって人前で発言することになった。が、どうしても一歩前に出ることができず、みんなにおされて前に進んだものの二言、三言、ほんとうに三言ですませたのが進さん。あれだけ地域で会話しているのに！ とみんながそのギャップに目を丸くした。背の高い進さんが、借りてきた猫のように背を丸くしてちょこんと立っていたのがほほえましかった。忘れられない。

38. 物静かな久信さん

同じ時期に役員として参加していたのが久信さん（男性）。同じように質素な生活をしていた。若い頃はどんな仕事や暮らしをしていたかは知らないが、知り合った頃はアパート経営をしていて、株もやっていた人だった。おごることなく、いつも皆の中にそっと入っていて信頼されていた。

ある時家を訪ねると久信さんは家賃の集金に出かけたのことで、奥さんと話した。奥さんは白い割《かっ》烹《ぽう》前かけをしていて圧力鍋を使って食事の支度をしていた。カタカタ鳴る鍋と湯気の音を聞きながら会話した。

「うちは子どもがいないでねえ。私もよそからここに嫁いできた人間で、隣近所の人しか知らないんですよ」

「たまには二人で集まりにも来て下さい」

「いえ、私は無学なもんで―」とどこまでも控えめだった。

地域のことはだんなさん、自分は留守を守るといったタイプで、やせて小さい久信さんと、大きな体格の女性ではなく、こつっと丸い奥さん。二人でお互いを思いやり、いたわりあいながら暮らしていた。久信さんがなくなったあと、その頃できたばかりの介護施設で晩年をすごした奥さん。時折り訪ねて行くとニコニコ穏やかに迎え入れてくれた。

（二〇二〇年記）

九　若者トーク

39. 新春　若者リレートーク

新年号は明るく希望のわく内容にしようと考えていたが、なかなか筆がすすまなかった。今どき筆を使うことはめったにないのだから、鉛筆が―とすべきか？（私は、四〇〇字詰め原稿用紙に鉛筆で書く）と悩んでいた時、息子と同世代の人と話していて、あ、これだとひらめき、若者リレートークにした。

二十歳代の頃、今井正監督の映画「橋のない川」を観た。強烈に印象に残っているシーンがある。火事場のシーンだ。大八車だったか、手押しポンプ車だったかが出動したが、火事が対岸の小森部落だとわかるとくるりときびすを返してみんな帰っていった。このシーンを見て、作家の住井すゑが小説の題を「橋のない川」とした意味を悟った。

村八分という言葉がある。地域社会のつきあいの中で八分《はちぶ》を絶っても残り二分《にぶ》だけは人間として排除してはならないもの、それは火事の時と葬式の時だ。その二分の火事の時でさえも忌避《きひ》する──これが「橋のない川」だったのだ。

しかし、これまでわが町のかつての本村と枝村における二分のところの交流は、若者を通して見ても進んでいることがわかる。若者のリレートークに見た「今」だ。

※

「たんばさん恐いもん！」「なんで？」「だって怒るんだもん」と会うなり言ったのは、30歳代後半の近藤（仮名）さん（男性）。「何言っとるの。これは愛のムチよ」と言ったか言わなかったか覚えがないが、親世代の私に冗談を言おうものなら矢が飛んでくるのではないかと思うらしい。

その彼に最初に話してもらった。

近藤　僕の小さい頃からの親友は地域の子で、意識したこともないし親も言ったこともないよ。親は、友だちは大事にしろと言ってくれ、その子は今も親友だよ。じいさん世代はあれこれと言っとったかもしれんけど、子どもはじいさんのこと聞かなかった。いたずらもようやった。就職して研修会に行って、「ああ、大人が言っとったのはそういうことだった」と気づいた。今、少子化で消防団も合併して一緒にやるようになったし、それぞれの地域の祭りにもでるし、夜警もやるよ。今は、僕らの中では意識していない。研修会に参加して理解した。研修会は出てよかったと思う。

次は一年のつきあいの後、結婚をした三十歳代と二十歳代の夫婦の楠原さん

楠原　結婚？　むこうの親は二人とも五十歳代。ん？　母親はまだ四十歳代かも。結婚することに反

対はなかったけど、むこうの父親は「嫁にくださいっていう男がいたらなぐったる」と言っとったぐらいだから、あいさつに行くとなぐられるかもよと妻が言っとったけど、あいさつしたら「まーよろしくな」って感じ。父親が娘を手離したくないくらいの感情だったと思うよ。若いお義母さんは「家族が一人増えました。心配は心配ですけど、若いなりにやっていきますよ」みたいに言われた。むこうもこっちも共働き家庭なんでサバサバしとる。

子どもの頃のこと？ 中学校卒業前、友だちに「おまえたちと遊ぶなと言われとったんだよ」と言われた。親に言われて遊べんのだったらもうええわ、僕たちに問題があったらそう言われてもわかるけど、何も悪いことしてないし問題あるとは思えんし、そんな友ならええわって感じ。高校時代は、部活の先輩、後輩はよくうちに泊まりに来ていた。大学はもっと広範囲になるんで誰も何も言わんかった。みんな知らんと思うよ。

若者トークと言ったが、四十歳代半ばの人にも登場してもらった。正木さん（仮名）だ（男性）。

正木　子どもの頃、お互い意識はしてなかったけど、隣の地域の子に「西から東に行くとあぶないから」と言われたのは単純に素掘りの排水路があったので危険だぐらいの認識だった。オレらのグループ七人と隣のとこの五～六人のグループで仲良かったけど、集まるのはたいがい道から西だった。十回に一回は東で、九回は西の方。それは単純に危ないからだと思っていた。たいてい野球か店のゲーム機にしがみついて、くったくなく遊んでいたよ。

その〝あぶない〟の意味に中学校の頃から気づきはじめたんだけど、差別されたという認識はなかったね。「あそこの子」ということは、それぞれ口に出しては言わないけどグループのものは自然に認識してたんじゃないかなあ。地区の友だちがよその子とケンカして負けて泣いたら「なんで負けたんだ」とクラスメートから言われ、それぐらいきつい所と思われていたんじゃないかと印象的でよく覚えてる。だけど、親が公務員だった子は絶対言わんかったし普通に遊びに来てた。

全員が別々の高校に行ったけど、僕の行ったとこでは「甚目寺はこわい」と言われた。町全体をさして言われたけど、うちんとこのことを言われてるなとは感じたよ。津島（愛知県）の方に行った子も言われた。高校の時に二戸一住宅が建って道路が広くなって、土の道がアスファルトになり、ドブにフタがされてきれいになったんで良くなったあと思ったよ。就職して取引先のメーカーの人に「新人さん？　どこの人？」と聞かれて答えたら、「あーそうね」と。なんであーそうねなんだろう？　だったけど、二～三年たって気づいた。親からは一言も聞いてなかったし。

でも、結婚の時は反対され、「親は何言ってるの」という感覚だった。何年かかかったけど、今は（地区の）中に住んどる。

地区の後輩と時々話すんだけど、お互い子どもが年頃になって、あと何年かすると結婚適齢期になるんだけど告げた方がいいのかどうか―結論が出ていないんだ。

平井（仮名）君（男性）はどう？　告げる？　告げない？　とふってみた。

平井　妻と結婚する時も、部落出身だとかどうとか特に話したことはなかった。子どもにも自分の住んでいる所がどうだのこうだの話したことはないし―。気にすることもなく生活してるんで、子どもが大きくなったら話すとか考えたこともないよ。あえて教えなくてもいいかなと。もし子どもから「ここは部落だったの？」と質問があれば、説明するかもしれんけど…。何かあればその時に判断しようという感じ。
さくら　私ね、地域の子とばっかり遊んどったでよう知っとるんだわあ。小学校の頃はね、隣保館に六人が集合して中で遊んでね、おこのみ屋やうどん屋で腹いっぱいにしてまた遊んだ。男女いりまじってのやんちゃグループで、（地区の）中のこと知らんことないぐらいよ。中学生になるとそのグループもバラバラになったけど、うちらの小学校の子とは遊ばないという他の小学校から来た子がいたよ。うちらの小学校がひとくくりなんだわあ。親から「〝そういう目〟で見られるぞ」と言われたけど、〝そういう目〟がわかった。「差別はするな」とも親は言ってたよ。
今年五十歳の大台にのったわ。若者とはいえん。ごめんね。
たくま　僕の場合は、むこうの親が知っとるのか知らんのかわからん。話したこともないし、話すこともないと思う。嫁は知っとるよ。嫁の親が冷たくあしらったのは十七歳の時、挨拶もせずに家に入っていったからじゃないかな。今は一つ屋根の下、二世帯住宅。

（二〇二〇年一月記）

Ⅲ 私を育ててくれた〝ふるさと三次《みよし》〟

地域の人たちの聞き取りをやってきておよそ三年がたつ。五十人以上の人の話を聞いて、活字になったのがちょうど五十人。どうしても載せんといて！ と言われ、没になった原稿もある。

書きたいことが三つある。叔母のことと同級生のこと、自分が生きていくことの土台をつくりあげた地域での出来事の三つだ。できるだけおさえて書こうと思う。

一 叔母のこと

父の末の妹である。今、八五歳ぐらいだと思うが、一生を独身で通し、老いてなおかくしゃくとしている。二〇一九年、広島市内のマンションに立ち寄って、以前聞いていたが書きとめておかなかったことをあらためて聞いた。

叔母は、夫と私が部落解放運動をやっていることを早くから知っていて、職業がらか甚目寺のこともよく知っていた。めったに里帰りはしなかったが、帰る時は必ず叔母の家に立ち寄り、一泊したりもした。そんな時、「あんたのだんなさんのとこそうじゃないん？　甚目寺には大きいとこがあると知っとったけえね。でも、あんたはあんたじゃけえ。学生の頃から親に心配かけるような娘じゃなかったし」と言った。さらに、「『解同』がね、この家のすぐ上にある学校で街宣車もってきて〝校長出て来い！〟とか〝差別者〇〇！〟とか、がなるんよ。あんなことすると差別はなくなりゃあせんのよ。あんたらはせんのでしょ」と。「私らの仕事は全国区なんじゃけえ」とも言った。

「私も『解同』の糾弾会に出席したことあるんよ。課長時代だったけど、上司にはそりゃあすごい言葉をあびせてね。私の番になった時、若い若い男性がね私のこと〝おいそこのおばさん！〟と呼んだのよ。その時私は返事せんかったの。そしたらね、また〝おばさん、なんか言わんかい〟とどなるんじゃけえね。でね、私はあなたと町で出会ったのなら、おばさんと声をかけられても返事をするでしょうが、今日は課長職という立場で出席しています。〇〇課長か〇〇さんと名前で呼ぶか言い直して下さい、と言うとそれっきりなーんも言われんかった。じゃけどね、いちばん心いためたんはね、やり玉にあがった上司なんよ。さんざん罵声《ばせい》を浴びせられても、ただただ黙って聞いていた上司が静かに口を開いたんよ。〝あなたがたの言いたいことはそれだけですか、言われることはよく分かります。でも私は、あなた方に不利益になることは一度もやったことはありませんし、どなたにも法律どおりに厳正《げんせい》にやっています。それ以上のことはできません。私はあなた方と同じ立場、出身の人間で差別するようなことは一度もありません〟としぼり出すような声で言われたんよね。その姿を見て、そこまで言わせちゃあいけん、同じ人間としてやっちゃあいけんことよ」と言い、私が運動団体の一員として糾弾する側に与《くみ》していないことに共感を示した。

国家公務員として六十歳まで勤め、再就職した時「女性はね、同じ課長職でもポストで差別されて、再就職先でも差別されとるんよ」とぼやきながらも「今は聞いたこともない言葉に四苦八苦しながら仕事楽しんどるんよ」と生き生きと話していた。「老人大学の講師もと声がかかったんじゃけえ勉強せんといけん。ボケとれん」と言っていたのが、ついこの前だったような気がする。

神戸に住む伯母のことを「あの人エンドレスなんじゃやけえ」と気づかいながら、そろそろ一人暮らしが心配になってきた叔母である。

二 同級生のこと

忘れられない同級生がいる。ある時、その友に誘われて家に遊びに行った。子どもの足では遠いなあと思ったが、狭い路地を歩いていくと道の両側に動物の皮が大きな板に貼りつけて干してあった。わっ、自分よりも何倍も大きな動物の皮の姿をはじめて目にして、ドキドキしながらその子の家までたどりつくと、広い庭が現われ真ん中に墓があった。家の中に入ると部屋はきれいに掃除してあり、畳がツヤツヤしていた。母親が歓待してくれリンゴを丸ごと「おやつよ」と手渡してくれた。二人してそれを縁側で芯《しん》が小さくなるまでかじり、座敷《ざしき》で当時流行った紙の着せ替え人形を作って遊んだ。

上の学校に進み学校で見かけることもなくなり、その子とは交流がなくなった。引越したという。私と同じ背丈で朝礼で並ぶと私が一番前でその子がすぐ後ろにいたが、リンゴの赤い色と西陽《にしび》のさす座敷のまばゆさを忘れることができないでいる。

後になって、学校教育や社会教育を通してさまざまな学習をすることになるのだが、当時の三次の教育は戦後の民主教育を模索《もさく》、実践していこうとする教師集団があり、自分の頭で考え行動することを身につけることができた。他方で、独自の文化を作っていこうとする青年集団をはじめとする大人社会があった。私もその中で育ち、人は人として尊重される存在だということや労働の意義、社会人としての規律や規範を会得したといっても過言ではない。

もう一人忘れられない同級生は、色白でおとなしく気のやさしい男子生徒だ。二十歳になるかならないかの頃にはもういなかった。自ら命を絶ったのだ。結婚を親に反対され、その親が「解同」の糾弾にあい、身重だった妻となるべき大切な人を残して死んだのだ。そのことを知った時、私はすでに結婚をしていて、「O君、かけおちでもすりゃあよかったのに」といたたまれない気持ちになった。墓まいりもしなかったし、小さな店をやっていたその子の家の前に立つこともなかった。


―同和主担者も同級生―


八次《やつぎ》小学校問題を知る人は少なくなった。その頃同和主担者をしていた同級生には今でも時々会うが、八次小学校のことには一切ふれずに時をやりすごす。彼は八次小学校問題の岡田隆行先生が中学生だった時の担任だった教師だ。担任と生徒、恩師と教え子が同じ教師として「差別者」と同和主担者という立場で対峙《たいじ》する。二人はどう対峙したのだろうか―。

二人は大人だったからまだいい。「誰がゆうちゃったかわからんけど、エタ・ヒニンというとっちゃった」と教師に告げた児童はどのように成長したのだろうか—。

「これは差別ではない」と毅然《きぜん》と主張した岡田先生に対し、「研修」を強要し、子どもたちの未熟な発言をとらえ〝差別者〟だとされて、尊敬する先生たちが糾弾される…。

あのことを経験した子どもたちは、どんな大人になったのだろう。

「事件」のあと、八次小学校に事務職として何年かをすごした姉。「憲法を遵守する、全体の奉仕者として宣言したんじゃけえ」ときまじめに言ったか言わなかったか、今では覚えていないが、つつがなく職務を終えた。「事件」のことで姉と語ったことはない。

※八次小学校問題とは

八次小学校問題とは、一九八七年に、児童の「誰かが私にエタ・ヒニン言うちゃった」「誰が言うちゃったかようわからん。ちがうかもしれん」という訴えを「差別事件」ととらえ、学校は「解同」に報告。「まだ発達段階にある子どもの発言でもあり、差別意識があるともみえない。ましてや誰が言ったかわからないことだから慎重に」と発言した岡田教諭に対し、「解同」は確認・糾弾会を開いた。

三次市教育委員会は岡田教諭に研修命令を出し、「広報みよし」の特集号を出し教諭を指弾した。岡田教諭は、名誉棄損であると訴え、三次地方裁判所は教諭の請求を全面的に認める判決を出した。これを八次小学校問題という。

三　地域活動

高校時代、河内桃子主演の「判決」というＴＶドラマがあった。その中に部落青年のえん罪を扱った作品があった。そのＴＶドラマを使って、母校の三次高校の教師たちを中心に地域に出向いての部落問題学習が行なわれた。私は卒業していたが、母親をつれて、近くのお寺での学習会に出かけた。

一回目は部落のなりたちと歴史の学習であった。そこで遊びに行った同級生の家でリンゴ一個丸ごとのおやつを出して歓待してくれたことと、共同墓地ではない庭の中にデンと構える広島の地域の特徴である墓のありよう皮革産業である牛の皮の天日干《てんぴ》しの意味を理解した。

二回目の公民館での学習会が、「判決」を観ての学習会だった。結婚がテーマだったのだろう。私は「先生、先生は自分の子どもが部落の人と結婚したいと言ったら結婚させますか？」と問うた。先生は「反対する。なぜかというと就職が保障されていないから、経済的に安定した生活ができないからだ」と言った。私は「それは間違っています」と反論したかったが、そこは十九歳、反論する言葉も知識も持ち合わせていなかった。学習会はその二回しか参加しなかったが、何回か続いて各地でやられたのだろうか。その後、民主的教師と言われていた教師たちが工業高校や辺ぴな学校へと追いやられ、「糾弾闘争」が激しくなっていった。その糾弾する側に十日市小学校時代の恩師がいたり、高校の同級生がいたり、友人の知り合いがいたりするのを聞くにつけ見るにつけ怒りが湧いてきて、私は、「ふるさと拒否宣言」という詩を書いた。

三八歳の時である。今読みかえすとなんと青いことか…。

※

二十歳まで三次にいて、芸備線最後のＳＬで広島まで出て、夜行列車「玄海」に乗って名古屋まで来た。親や知人たちは、「名古屋？ ものすごく遠いとこに行くんじゃね」と今生の別れのように思って三次駅に見送りに来てくれた。万歳三唱があったかなかったかは覚えていない。

三次や母校はずいぶん遠くになって、「解同」による不公正や不正義は〃風〃が教えてくれた。今回この文章を書くにあたって『人権と部落問題』（部落問題研究所）二〇二〇年六月号の重岡式與氏の「現地報告　検証・三次高校事件―広島からの報告―」を読んだ。そして重岡氏に手紙を書いた。

返事をいただき、民主的教師が辺ぴな学校においやられたと思っていたが、県北の教育を守り国民融合を発展させようとする教師集団の奮闘もあって、恩師たちは長く母校で教鞭《きようべん》を執っていたことを知り不遜《ふそん》を詫び「拒否宣言」を撤回しなければと思った。事実、機関紙「解放の道」や「地域と人権」を読んだり、全国規模での集会での発言を聞いたりするにつけ、人々のねばり強い闘いの姿はたのもしく映った。夏期講座では、教師となった中学時代の同級生に「まりちゃん！」と声をかけられたり、「じゅんちゃん？」と姉の名で呼びとめてくれたのは、元「解同」県連委員長のおひざ元でがんばっている二つ上の先輩だった。大阪での全部研（一九八七年）では、広い体育館の観客席で、五年生の時の担任に旧姓で声をかけられた。

「先生、どうしたん？」

「三次の人と一緒にバスで来たんじゃ」

「私は子ども二人をつれて来とるんよ。これが終わったら三次に帰るんよ」

「そうか、がんばれよ」

「先生も気いつけてね」

「おお」

先生のまわりには、一緒に来た人たちが壇上の発言者に大きな拍手をしていた。教師たちも町の人たちも、部落問題を正しく解決していこうと頑張っていたのだ。そのことを〝風〟だけで想像をふくらませ、糾弾けしからん！ 教育介入許せん！ と怒っていたのだ。

旧地域の人々とともに共同の取り組みを進めるなかで、部落問題を解決していく人が相対的多数となったと重岡式輿氏の文章は語っている。

重岡式輿氏にはお逢いしたことはないが、小学校一年生の時の担任が同じ名前の重岡先生（女性）だったこともあって親近感を覚える。コロナ禍が落ち着いたらゆっくり三次駅におりたってみようと、今考えている。

四．自分自身のこと

自分自身のことを書こう。自分ではごくごく普通の女だと思っているが、人から見るとそうでもないらしい。鉄の女とまではいかないが、誰かが〝豆ダンプ〟と称した。言いえて妙―か。まあ、たぐいまれなタフガイ（タフ女？）だとは思う。「三つ子の魂百まで」という言葉があるが、今の性格はその頃に萌芽《ほうが》したことはまちがいないと思っている。

四歳、年中児。一歳年上の年長児の卒園式の時のこと、一年間無欠席だった子が皆勤賞として特別なカバーのついた画板をもらった。椅子の上に一段のぼってもらうその姿は実に晴々としていた。来年こそは自分がもらうぞとひそかに誓った。そして年長児になった一年間、休まず登園した。が、ある日おたふく風邪にかかってしまった。ここで休むとあの画板がもらえない―と高熱をおして登園した。こうだ先生の困った顔。当然のことだ。「休んでも欠席にならんのよ」と母と二人に説得されたが、がんとして聞かず根負けして保健室（というより倉庫）での一日となった。まずい脱脂粉乳も飲まなければ帰されると思って、チビリチビリ飲んで過ごした。二日目からは休んだ。

※

もう一つの逸話。当時、毎年学芸会が行なわれていて、年長児はセリフの入った劇がある。劇は「七匹の子ヤギ」。私は母さんヤギがやりたくてやりたくてしかたなかったが、「あなたは体が一番小さいから時計の中に入るヤギよ」と言われ、母さんヤギは体の大きい子にあたった。ところがその子が学芸会当日高熱を出して休んだ。さあ出番だ！　セリフは全部覚えている。「私にやらせてよ―」と先生に懇願《こんがん》した。ところが、先生は代役をさらに体の大きい子にと決めていて、私はふてくされながらも、時計の中から出て母さんヤギに抱きつく子ヤギを主役のごとく演じた。

一大行事も無事終わり、卒園式を迎えた。私は胸を張って晴れやかに、真っ白な百合の花が描かれた画板をもらい、得意満面卒園したことはいうまでもない。

小学校・中学校時代は大人しく、真面目な子どもだった。大人しかったのには訳があって〃病弱〃（でもなかったと思っていたのに）で、母の働いていた病院に毎日注射を打ちに行き、水泳禁止、体育は無理のない程度にと制限つきの学校生活になったのだ。にわかにそうなったのではないのだろうが、祖母の病気と父の被爆《ひばく》が要因となったのか、激しい運動は禁止の生活になった。近所の友だちの所に姉と二人で泊まった時も「二人ともピクリともせず上を向いて胸に手をあてたままの姿勢で朝まで寝ていたよ」と、そこの家の人に言われたぐらいだから、弱かったのかもしれない。

高校生になって、「何をやってもよろしい」とおすみつきをもらった。そうすると水を得た魚のごとく、毎日クラブ活動にあけくれ、行動範囲も大きく広がった。

テメソ（手前味噌）になるが、真面目な生徒だったというエピソードを一つ、二つ。中学生の時、母親が「病院長の親戚で十日市中学校の先生の子どもの面倒を見てくれないかと頼まれたけど、あんたできる？」と言った。その子どもは、保育園児で五歳。園まで迎えに行き、その子の家で一緒に過ごす。自分の勉強をしてもいいし、おやつを食べてもいい。なにがしかの謝礼をするという。その子の家は自分の家から数百メートル。文教地区にあり、保育園、小学校、中学校が歩いて十分以内にすべてあり、隣近所は教師や医師の家が点在していた。子どもが子どもをみても安心できる環境だったのだ。一年間その子と過ごした。昭和三三年三月十三日生まれの男の子。私の通う中学校の数学教師だったその親は、「三月三日生まれにしたかったけど十三日に生まれたんだよ」と言っていた。昭和二四年生まれの私とは九歳違いだ。十四歳の子によくゆだねてくれたものだ。

その子は今、六十歳を過ぎた「おじいちゃん」だ。

卒業してしばらくたって先生の家を訪ねた。「おお、来たか来たか。あの頃中学校では生徒の自主性を尊重しようということで、生徒だけの朝礼や生徒会総会やったんじゃが、覚えとるか？」「まりさんもよう発言しとったのう」と先生は言った。発言したことは覚えていたが、教師たちが意識してつくりあげてくれていたことは知らなかった。戦後の民主教育の実践か―。

高校時代はスポーツ三昧《ざんまい》だった。あの頃は受験といってもゆるやかだったので、みんな高校三年生のインターハイまでやった。就職する私は秋の高校最後の公式試合までやった。団体予選だっただろうか。地区大会では優勝したが、県大会では第一シードの下の山にしかつけない、しがない県北の地区。当時軟式テニスでは、全国に敵なしと最強を誇っていた広島女子商の米沢・中田組と二回戦であたり、三対一であえなく敗退。青春が終わった。その後、大学に進んだ米沢・中田組は軟式と硬式の両方の学生チャンピョンに輝いたと聞いた。そのペアから一セット奪いとったということが、私の今でも語る自慢話であった。

寝ても覚めてもテニス・テニスと外でばかりで過ごしていた三姉妹のまん中の私。読書と天体望遠鏡ばかり覗《のぞ》いていた二つ違いの姉。中学校、高校とグループサウンズのおっかけをやっていて、パンタロン（ラッパズボン）作りにあけくれた三つ下の妹。学校の成績は推して知るべし―だ。

親は「成績のいい姉も、それなりの妹たちも同じ学歴にしておかないといけん」と三人とも高校を卒業し就職した。姉は三次から外に出ることを選ばず、すんなり三次市の職員になった。それなら私もと試験を受けたが、二次の面接で面接官に「お姉さんは優秀ですね」と言われ「姉は姉、私は私ですから―」と答えたら、見事不合格の通知をもらった。試験前、母は「院長先生にたのんでやろうか？」と言ったが、「そんなこと絶対にせんといてえや、コネはいやじゃ」と断ったが、不合格の通知を見て母は何も言わなかった。自動車の販売会社の試験も受けた。広島市内の社屋まで試験を受けに行ったが、作文試験で「分限」という題に嫌気がさして、分をわきまえよ、分不相応とでも言いたいの？　ストレートにものを言いしようかしら、思いの丈《たけ》を書いてやろうかとニガニガしく思いながらやりすごし、試験会場をあとにした。その後に知ったことだが、その試験ではすでに合格者が決まっていたとその会社の支店に勤めていた人に聞いて、何をする気もおこらずブラブラしてすごした。

卒業後二カ月ぐらいして、職安に行って目にとまった建設会社に就職した。そこでの二年間、さまざまな社会を教えてもらった。―というより世間を垣間見た。業者と官公庁、建設会社同士の駆け引き、橋をかけ、道を開く労働者の誇りなど。ソロバンなどを使いこなせない私は、事務仕事に四苦八苦だったが、先輩と職場対抗の卓球大会に出たり、納涼ダンスパーティーやプールサイドでのレコードコンサート、地域の青年が企画した演劇鑑賞など楽しんだ。歌声喫茶にも毎度誘われて、それはそれは濃密な二年間だった。

※

保母になる！　という子どもの頃からの夢を（姉に言わせると保育園時代から言ってたらしい）実現するため、意を決して二十歳で名古屋に出た。二年で資格がとれる専門学校の夜学に通い、甚目寺町立保育園の保母となった。

就職して二〜三日して、先輩保母の会話から同和地区があることを感じとった。「あなたのクラス何人?」「〇人よ」よくよく見ると当時クラス分けは大字《おおあざ》単位でクラス編成がされていたが、一部が全クラスに何人かずつ分けてあった。「ふーん、これがあなたのクラスには何人いるの? の会話だったのね」と心でうなずいたが、まさかまさか、その年の内にそこの住民になろうとは夢々思ってもいなかった。

当時加入していた青年の集まりが、地域の「たんばさんち」であると聞いて、狭い道にへばりつくように建っている狭小な二階建て木造住宅、つやつやと光る畳を想像たくましくして行ったら、四十歳代後半だろうと思われる男性が闊歩《かっぽ》していて、無遠慮に大きな声でしゃべっていた。その姿に、半ばあきれ、半ば圧倒された。なんとなく「この家に住むことになるだろうな」という勘が働いたが、独身男性の姿は見当たらず、月一回「たんばさんち」に通い、その度に青年男女は名古屋にくり出し、ワイワイ遊んだ。保母仲間もいて、活気あふれていた。

就職したその年の内に、そこの主である「たんばさん」(なんと四十歳代後半ではなく、二十歳代半ばだった)と結婚することになって、先輩保母たちも加わって実行委員会を作った。職場や仲間うちでは着々と準備が進んだが、保育園で「差別事件」が発生した。保母と地域の人が結婚することでの「物議」だ。一部のことだったが、「すわ! 差別事件」と地域にビラをまいた。そのことで園バスがストップしたりもしたが、実行委員会の先輩保母たちはものともせず事を進めた。今考えると、あと先考えずに突っ走ってしまったが、お互い納得のいく合意形成が必要だったのだ。私はどちらかというと辛抱強く事を荒立てないでじっくり取り組む方だが、即反応するところもある。雪降る山間へき地の土地柄が育ててくれたのだと思う。闘牛とコテ牛の両面を持っている。

※

にわかにふってわいた部落問題であったが、一からの勉強だった。結婚した翌々年の一九七四年に部落解放同盟第二九回大会があった。愛知の代議員として参加するため半分は自分持ち、半分がカンパでと名古屋市内の支部や県下の人たちに寄付を募って、いざ大阪まで「たんばさん」たちを送り出した。ところが、代議員証の発行をめぐって出せ出せないのすったもんだの末、結局大会に参加できずに帰ってきた。その後愛知では、正常化連、全解連、人権連へと連綿と運動を続けてきた。

人が生まれてから生きていく過程で、三年で身についた悪しき習慣は、是正するのに倍の六年かかる、五年だと十年を要すると言われている。長年かかって親から子へ、子からまた子へと伝わった歴史的後進性を克服するには長い年月と正しい取り組みが必要だ。地区内外の人たちと連帯し、共同して運動を取り組むことによって後進性の克服と、人と人とをへだてている垣根を取り払うことができることを学習と実践を通して学んだ。そのために単発的なことではなく運動のつみ重ねが必要だ。何をするにも忍耐がいるが、成し遂げた時の喜びは大きい。愛知婦人部では、料理教室やケーキづくりをはじめ、泊まり込みでの学習と歌ったり踊ったりを兼ねたつどいも十回を数えた。親子での取り組みとしての親子キャンプは、下の子が三歳の時からはじめ、中学校三年生になった時、「オレはもう行かん。あんたら夫婦だけで行って！」と言われて終了した。年金者組合や平和行進・平和の鐘もとに取り組んだ。さらに県内外の人たちと交流するなかで、自らの暮らし方などを見直し、正してきた。国民的融合が広がり、へだてられた垣根は低くなった。

私の住むあま市は、名古屋から私鉄電車で十分の所に位置する。三町が合併して人口約九万人のあま市になったが、かつては海部郡甚目寺町だった。人口は約四万人で、地区は約六〇〇世帯。昔から農村地域にありながら、百姓のいない地域だ。

大正十四（一九二五）年の愛知県調査では二一七世帯九九六人、下駄、足袋、草履類の製造が主な生業だ。昭和三七（一九六二）年の日本福祉大学調査では四八三世帯二一二七人、行商（衣類、反物）草履、靴製造販売となっている。小集落事業などで世帯分離を推進し、最高六五〇世帯二三〇〇人いたが、今減少傾向にある。

戦後間もなくから高度経済成長をへて、皮革産業や飲食業、行商の卸業を生業とした人たちが財をなし、地域の中でそれはそれは大きな家を構えた。それを囲んで二間《ふたま》、三間《みま》ぐらいの小さな家、行商の売り子だったり、金属回収だったりとその格差は歴然としていた。大きな家が今、建て売り住宅へと建て替えられている。空き家となった家の人たちは、名古屋市内や県外へと移り住んでいった。

盛んだった行商、靴産業は衰退し、勤労者が増えた。教師をやっている人も私が知る限りでは五人いるが、一人を除いて四人は他地区へ出て行っていて残念だ。過去のいずれの調査でも「一般矮小な家屋に住居せる」「特有の粗末な家屋が密集」としていた住環境は二戸一住宅、中層住宅が建ち、車が通ることができなかった道路も一部を除いて広がり、車が双方向通行することができるようになった。結婚したての頃、うちに来た母親が「あんたが何をしてもかまやあせんが、この（素掘りの）ドブをきれいにせにゃあいけんで」と言っていたが、きれいになった。

三年間で、五十人以上の人の聞き取りをやってきた。これまでの生活スタイルから、他から来た「嫁」や「ムコ殿」にあわせた生活スタイルにかわってきていることもうかがえる。歴史的後進性とは地域性だとも言える。それぞれの地域が何らかの後進性や独特の暮らしぶりを持っているものだが、狭い範囲での生活では気づきにくいが、広範囲の交流で気づき、ふり返ることができる。

かつてとびかっていた隠語も荒い言葉も影をひそめた。「地域に活気がなくなってしまった」と見る人もあるが、暮らしぶりもかわってきた。建て売り住宅を求めて住むことになった人や、隣保館が人権ふれあいセンターとなって、他からの人々が館を利用し交流するようになって、あらたな地域文化が作られるだろう。

私たちが運動をはじめた時は団体は一つだったが、今は三団体存在する。しかし、日常角《つの》をつきあわせているわけでもなく、爪を磨いているわけでもない。夫に言わせると、「地域はひとすじなわではいかん。色んな人生の経験や経済状況、姻戚関係よってさまざまな人間模様が内包されている」が、「いずれもいとおしい地域の人々だ」

前近代社会から受けてきた疎外や差別を少なからぬ人が経験し、声を出す出さぬにかかわらずのりこえてきた。それは個々人、一人ひとりの力でなしえたものでなく、人々が連帯し共に解決のために力を尽くした共同作業によるものだ。今、新しい時代への舞台が求められている。新しい舞台を、これからを生きる若者たちに手渡すときだ。立場の違い、考え方の違いをのりこえ、お互いリスペクトして手渡そう。未来は無限に広がっている。

（二〇二〇年記）

あとがき

いつのことだったか忘れたが、「差別されてきた人たちが、それをなくす運動をしているが、そこには〝地〟と〝血〟の問題がある。被爆者の運動は〝血〟、部落問題は〝血〟と〝地〟の両方の問題だ。」と話したことがある。

〝血〟の問題は系譜の問題だ。部落問題は封建的身分制の残滓《ざんし》の側面と歴史的に差別されてきた人々が住んできた土地の側面がある。歴史の進歩のなかで、部落差別は全体として大きく解消の過程にある。

〝地〟―居住地を対象とした差別も部落内外婚がすすむ中で、問題も解決してきている。

もう一つの〝血〟の問題。被爆者の問題だ。放射能という魔物が体内に住みつき、遺伝子を傷付け子や孫にまで影響を与えていく。その魔物はひとり暴れていたずらをする。その点では、部落問題でいう穢れの忌避意識とは似ていて非なりだ。

この、〝ち〟をめぐる差別をなくす運動は、形こそちがっても片や核兵器をなくし再び被爆者をつくりださないこと、片や生活上の格差をなくし、人間としての信頼関係をつくっていくこと、こうした問題解決の核心に迫る運動を作り上げていくことで、人々の人間的成長を育み、安心して生きることのできる地域社会が実現できる。

二つの運動をすすめてきた者として、現在は二つとも解決の見通しの持てる時代になってきていることにおおいに確信を得ている。これが地域で聞き取りをし、多くの人たちと平和運動をやってきた結論である。

全国水平社創立一〇〇年、被爆七七周年を前にして。

丹波　真理（たんば　まり）

1949年、広島県三次市に生まれる。

高等学校卒業後、会社勤めを経て、働きながら保育専門学校で学び、愛知県海部郡甚目寺町の保母となる。

30歳で甚目寺町議会議員となり、7期28年、地方政治の革新と地域運動に携わる。

現在、介護施設にて介護に従事。被爆2世として被爆の実相の語り部活動にも取り組んでいる。

「部落」は今どうなっているのか
—地域に住む人たちからの聞き取り—

2021年10月1日　初版印刷・発行

著　者　丹波真理
発行者　梅田　修
発行所　部落問題研究所

京都市左京区高野西開町34—11
TEL 075(721)6108　FAX 075(701)2723

ISBN978-4-8298-1086-6